PASTERNAK

HENRI TROYAT

de l'Académie française

PASTERNAK

BERNARD GRASSET
PARIS

ISBN (10) 2-246-70061-2
ISBN 978-2-246-70061-6

I

Musique et peinture aux sources de la poésie

Avant même de pouvoir réciter son alphabet, le petit Boris se rend compte que son père, Léonid Pasternak [1], n'est heureux qu'à condition d'avoir un crayon ou un pinceau à la main et que sa mère, Rosa [2], est transfigurée quand elle laisse courir ses doigts aériens sur le clavier d'un piano. A les regarder vivre l'un et l'autre, il se figure que l'existence des grandes personnes est un jeu perpétuel, où les lignes, les couleurs et les sons se répondent en un langage mystérieux auquel on n'accède qu'avec

1. Léonid Pasternak, né le 22 mars 1862.
2. Rosa Kaufman, née en 1867, épouse de Léonid Pasternak depuis le 14 février 1883.

l'âge. Comme il sait que sa mère est une concertiste très applaudie et que les amateurs d'art se disputent les tableaux de son père, il se figure que tous les parents du monde sont, d'une façon ou d'une autre, des prestidigitateurs dont l'amusement consiste à épater la galerie. Mais c'est en regardant à la dérobée Léonid Pasternak brosser le portrait de quelque personnage dont on lui a révélé discrètement l'importance qu'il est le plus intrigué. Tapi, silencieux, dans un coin de la cuisine qui tient lieu d'atelier, il se demande en regardant les deux hommes, également concentrés, lequel est le plus remarquable : celui qui tient la pose ou celui qui tient le pinceau. Cette discrimination lui semble d'ailleurs très vite secondaire. L'essentiel, pense-t-il, c'est l'ivresse incontrôlable dont il est l'objet dès qu'il entend les mélodies préférées de maman qui traversent les murs de sa chambre ou qu'il constate la dextérité avec laquelle papa mélange des couleurs sur sa palette avant de les appliquer sur la toile.

Né le 29 janvier 1890, il règne sur son

frère Alexandre, que tout le monde appelle Choura et qui est son cadet de trois ans. D'ailleurs, l'année 1894, qui a suivi la naissance de Choura, a été l'occasion d'un événement d'une tout autre importance aux yeux du petit Boris. Son père s'est vu récompenser de son talent de peintre et de pédagogue par une nomination officielle comme professeur de dessin à l'Ecole de peinture, de sculpture et d'architecture de Moscou. Gloire et branle-bas. Dans une hâte joyeuse, toute la famille déménage de la maison de la rue Oroujeiny (des Armuriers) pour se transporter dans un appartement de fonction, situé dans une dépendance de l'Ecole. Ce changement de situation se traduit pour Boris par la naissance, en 1900, d'une sœur, un bébé vagissant et encombrant qu'on baptise Joséphine.

C'est du balcon de la maison de la rue Oroujeiny que Boris assiste, avec ses parents, aux cérémonies du transfert de la dépouille d'Alexandre III, puis, deux ans plus tard, aux fêtes du couronnement de Nicolas II. « Tout Moscou, écrira-t-il dans

ses souvenirs [1], se découvrait et se signait. »
Mais ce qui l'impressionne davantage,
c'est, peu après, le soin qu'apporte son
père en préparant, sur une table de la
cuisine, les illustrations destinées au roman
de Tolstoï *Résurrection*. « Le travail, ra-
conte-t-il, se faisait dans la fièvre. Je me
souviens de la hâte de mon père, car les
numéros de la revue *Niva* où paraissait le
roman [...] sortaient régulièrement sans
jamais avoir de retard [2]. » Il se remémore
aussi une visite de l'illustre Tolstoï venant à
la maison assister à un concert auquel
participait « maman » tout émue. L'admiration dont témoigne Tolstoï ne fait que
raviver celle de Boris pour le jeu de sa
mère. L'année suivante, en l'écoutant, il est
tellement bouleversé que son trouble ex-
plose dans une crise de nerfs. Alertée par
ses sanglots, Rosa s'évertue à le raisonner.
Mais il ne peut expliquer le motif de son
exaltation morbide. « Pourquoi pleurai-je
ainsi, et pourquoi ma souffrance reste-

---

1. Pasternak : *Hommes et Positions*.
2. *Id., ibid.*

t-elle si vive dans ma mémoire ? A la maison j'étais habitué au son du piano dont ma mère jouait avec art. La voix du piano me semblait faire partie de la musique elle-même. » Pour tenter d'expliquer cette angoisse prémonitoire, il note au passage : « Ce fut là, me semble-t-il, l'hiver de deux morts : celle d'Anton Rubinstein et celle de Tchaïkovski. » Et il ajoute : « Cette nuit-là sépare, comme un jalon de bornage, mon enfance sans souvenirs de mon enfance ultérieure. »

C'est en effet peu après ces émotions familiales, bercées de musique, de peinture et de contes à dormir debout, que les parents, soucieux de leurs responsabilités, multiplient les leçons particulières à domicile dispensées par des précepteurs aux méthodes anarchiques. Puis, pour changer les idées de leur fils, ils l'emmènent dans un voyage d'agrément à Odessa et lui font visiter un parc zoologique, où plusieurs danseuses originaires du Dahomey se trémoussent aux sons d'une ritournelle sans rapport avec celles qu'il a coutume d'entendre. Au vrai, loin d'être étonné par

11

le rythme obsédant du tambourin, il est saisi d'une infinie pitié pour ces femmes dont il devine le triste esclavage et d'une adoration accrue pour la *vraie* musique, celle que joue sa mère et celle des grands compositeurs, au premier rang desquels il place déjà Scriabine qu'il a naguère eu l'occasion d'approcher. Or, tandis qu'il voudrait planer à jamais dans l'univers mélodieux et chatoyant des illusions artistiques, on décide, en famille, qu'il est grand temps pour lui de franchir le pas qui conduit du rêve aux études et du désordre à la discipline.

Le voici donc, à onze ans, livré, tout abasourdi, en classe de seconde [1], au Cinquième Gymnase de Moscou. Mais dans ce nouveau monde à la fois amical, concurrentiel et studieux, le souvenir enchanté de la musique l'empêche de goûter aux amères saveurs de la science. Qu'il s'agisse d'histoire ou d'arithmétique, de grammaire

---

1. En Russie, à l'époque, la numérotation des classes s'opérait à l'inverse de la tradition française. L'école commençait par la première classe et finissait par la sixième.

ou de géographie, tout l'ennuie et lui semble inutile, alors que les accords qui résonnent dans sa tête dépassent les mille vérités des manuels scolaires. Il n'existe, selon lui, aucun mouvement de l'intelligence que la musique ne puisse traduire et sublimer. Certes, les poésies qu'on lui fait apprendre en classe lui plaisent, mais il a envie de remplacer les mots par des notes et de fredonner le texte en le récitant. Il admire les vers de Pouchkine, de Lermontov. Mais quand il les déclame seul dans sa chambre, il a l'impression que le son de sa voix abolit la signification même des idées qu'il souhaite exprimer. L'adoration qu'il voue à Moscou, où il est né, lui vient certes de la mémoire et de la tradition familiales, et pourtant il avoue être subjugué avant tout par les sonneries alternées des cloches de cette cité des « quarante fois quarante églises ». On dirait que ces innombrables lieux de culte ont été créés autant pour ses oreilles que pour ses yeux. Grâce à leurs carillons intempestifs, il se sent profondément attaché à la terre de ses ancêtres. Or, ceux-ci sont d'origine juive, et c'est sa

13

nourrice russe, sa *niania*, qui l'élève dans la foi orthodoxe. Cette femme du peuple a le cœur plein de tendresse et d'émotion, la langue bien pendue et la tête farcie de légendes. Elle entraîne l'enfant, à son âge le plus tendre, vers les sanctuaires du quartier et lui inculque l'amour des images saintes, des chants religieux et des prières qui consolent et soulagent. Grâce à elle, il participe régulièrement à toutes les célébrations des fêtes chrétiennes, de Noël, du baptême dans le Jourdain, de Pâques et de la Transfiguration. Sans en parler à personne, il tricote sa propre religion, faite de poésie, de magie et de scepticisme heureux. Il lui importe peu de se dire que ses parents, eux, ne vont pas à l'église et prient autrement. Le miracle de la musique n'est-il pas là justement pour rapprocher toutes les religions et résoudre toutes les contradictions dans un même élan vers l'harmonie universelle ? La musique n'est-elle pas le seul langage humain qui n'ait besoin d'aucune traduction pour être compris de tous ?

Durant l'hiver 1901, la famille Pasternak

déménage encore et s'installe, cette fois, dans le bâtiment principal de l'Ecole de peinture, de sculpture et d'architecture de Moscou, rue Masninskaïa. A ce nouveau changement de domicile correspond chez les Pasternak une nouvelle naissance : une deuxième fille, Lydia. Boris a donc doré-navant un frère et deux sœurs qu'il consi-dère avec une curiosité affectueuse et condescendante du haut de ses douze ans. L'année suivante, pendant les vacances d'été, voulant sans doute éblouir quelques camarades de jeu par ses exploits éques-tres, il fait une chute de cheval et se frac-ture une jambe. Cette fâcheuse immobili-sation a cependant une compensation bénéfique. Attentifs aux prières répétées de l'enfant et à son admiration pour le talent de sa mère, ses parents lui font entrepren-dre des études musicales sérieuses, sous la direction du théoricien Youri Engel et du compositeur Reinhold Gliere. Son initia-tion aux arcanes de l'art le plus magique est malheureusement assombrie, dès le mois de décembre 1903, par l'annonce du prochain départ pour la Suisse et l'Italie de son idole du moment, le célèbre Alexandre Scriabine. Cet homme le fascine autant par sa musique raffinée que par les vifs débats qu'il a parfois, devant lui, avec son père. « Avec papa, écrira plus tard Pasternak, il discutait sur la vie, l'art, le bien et le mal, attaquait Tolstoï, prônait le surhomme, l'amoralisme, le nietzschéisme. Ils ne s'accordaient que sur un point : leur conception de l'art, de son essence, de son but [...]. J'avais douze ans, je ne comprenais pas la moitié de leurs arguments, mais Scriabine me conquit par la fraîcheur de son esprit. Je l'aimais à la folie. »

Alors que, jusqu'à ces tout derniers temps, le petit Boris se bornait à pianoter sous le contrôle de sa mère, l'exemple de Scriabine lui donne l'envie de s'essayer à l'improvisation. Tout en poursuivant consciencieusement ses études secondaires, il décide de se consacrer à la composition. Il a même l'audace, un jour, de se rendre au domicile de Scriabine et d'exécuter devant lui une de ses œuvres. Mi-indulgent, mi-attendri, Scriabine l'écouta, le complimenta et lui prédit un bel avenir.

Mais, par une bizarre contradiction de son caractère, cet éloge, peut-être trop amical, décourage Boris Pasternak d'entreprendre une carrière de compositeur. En vérité, il a été victime de son propre piège. Il lui a suffi de jouer devant Scriabine pour se rendre compte subitement de toutes ses imperfections. Il comprend que, croyant progresser dans la théorie de la composition, il a surtout régressé dans le domaine de l'expression. « Je savais à peine jouer du piano, avouera-t-il, et même, j'étais loin de déchiffrer couramment. J'ânonnais presque. » Ce décalage entre l'inspiration et l'exécution lui semble rédhibitoire. Estimant qu'il n'a pas « l'oreille absolue », il décide subitement de « s'arracher à la musique ». A cette occasion il précise que, pour lui, « l'oreille absolue, c'est la faculté de deviner la hauteur de n'importe quelle note isolée, prise au hasard ». Pourtant cet adieu à la création musicale suscitera longtemps chez lui une incoercible nostalgie. Il évoquera cette rupture comme les adieux à un être cher dont on espérait qu'il nous accompagnerait tout au long de notre vie et qui part pour les Amériques ou le pôle Nord. Il reconnaît avoir le cœur gros en quittant « ce monde aimé de mes six années, pleines d'espoir et d'inquiétude, comme on se sépare de ce qui vous est le plus précieux ». « Par la suite, dit-il encore, je cessai de toucher le piano, j'évitai d'aller au concert, de rencontrer des musiciens [1]. »

Toutefois, ce renoncement volontaire à la musique ne l'empêche pas de chercher des plaisirs analogues dans une autre forme de la pensée : la philosophie, ou – pourquoi pas ? – la poésie. Or la poésie, à cette époque, est fortement teintée de revendications sociales : tous les jeunes cerveaux de Russie sont enfiévrés de politique, et il est de bon ton, pour nombre d'étudiants, de critiquer plus ou moins discrètement le régime et le manque d'autorité de Nicolas II.

Après le 7 octobre 1905, ce fameux « dimanche rouge » où le tsar, mal con-

---

1. Pasternak : *Hommes et Positions.*

seillé, a refusé de recevoir une délégation de protestataires pacifiques et a fait ouvrir le feu sur la foule, une manifestation d'étudiants dégénère en émeute. L'Ecole de peinture, de sculpture et d'architecture de Moscou est envahie par des insurgés et sert de refuge à des meetings révolutionnaires. La répression est immédiate. Au cours des échauffourées, auxquelles il participe « pour faire comme les autres », Boris Pasternak est frappé d'un coup de cravache par un cosaque. Rentré à la maison, il s'enorgueillit de cet affrontement avec un émissaire de la force aveugle.

Il serait bien resté sur la brèche pour continuer le combat, mais son père, plus avisé, décide de partir pour Berlin avec toute la famille en attendant que la Russie guérisse de cette crise de croissance. Les Pasternak s'exilent ainsi, fort agréablement, durant quelques mois, dans un pays où Boris se sent d'emblée aussi libre et irresponsable que peut l'être un étranger dans une maison hospitalière dont on ne lui a pas confié les clefs. Il parle un peu la langue, apprécie quelques écrivains allemands et a toujours eu une vive admiration pour Wagner. Mais c'est surtout là qu'il a l'occasion de lire des vers de son compatriote Alexandre Blok. Le choc est violent. Ce jeune auteur russe, encore peu connu du public, possède toutes les qualités requises pour fouetter l'imagination de Pasternak. Blok lui démontre soudain l'erreur fondamentale du style harmonieux et artificiel de certains de leurs confrères et ose dire sa pensée avec la crudité d'une entière franchise. « Cela produit l'impression d'une révolution, écrit Pasternak, comme si les portes s'ouvraient en grand et que s'y engouffrât le bruit que fait au-dehors la vie, comme si ce n'était pas un homme racontant ce qui se passe en ville, mais la ville elle-même manifestant sa présence par la bouche d'un homme. » Ainsi, après Scriabine qui lui a révélé la vraie musique, Alexandre Blok lui révèle la vraie poésie.

Cependant, il se méfie encore de lui-même. N'est-il pas plus doué pour débattre de philosophie que pour aligner des vers ? La lecture des poèmes de Rainer

Maria Rilke l'incline vers le lyrisme. En tout cas, elle accentue à ses yeux le charme des leçons particulières qu'il dispense à la jeune Ida Vyssotskaïa, dont il se croit amoureux. Mais ce n'est qu'une passade. Son premier trouble réel, il l'éprouvera l'année suivante.

Ayant terminé ses études « avec médaille d'or », il passe ses vacances d'été, en 1908, à Spasskoïë, près de Moscou, dans la datcha d'un de ses camarades de classe, Alexandre Chtikh. Au milieu de cette campagne accueillante, il fait la connaissance de la cousine d'un ancien condisciple, Elena Vinograd, qui est encore écolière. Elle le séduit autant par la grâce de son visage que par une témérité assez rare chez une jeune fille. Elle vient de s'engager, ce mois-ci, avec son frère, dans une action politique locale d'hostilité au régime, dans la région de Saratov. Malgré l'attrait de l'aventure et le charme de l'amazone, Boris se résigne à la sagesse et décide de continuer ses études.

Docile en apparence, il accepte le harnais universitaire et entre à la faculté de droit de Moscou. Fatale erreur d'aiguillage. Trop impulsif pour se contenter d'analyser la rigidité des lois et la souplesse de la jurisprudence, il quitte ce lieu, au bout de quelques mois de pataugeage, pour la section d'histoire et de philologie où il estime qu'il sera plus à sa place. En réalité, il ne tarde pas à constater qu'il est partout en porte à faux. Adorant la musique et se reconnaissant incapable d'en composer, admirant la plupart des philosophies et refusant de souscrire à aucune d'entre elles, passionné de rythmes et de mots, mais inapte à travailler des semaines, voire des mois, à noircir page après page, il se considère comme un éternel amateur et un bon à rien. Persuadé d'avoir toutes les chances en main, il n'a nulle envie de se risquer à en utiliser une seule. Dans cette confusion, une certitude le visite réguliè-rement. Si une œuvre en prose exige de l'application, de la persévérance, une œuvre en vers peut être conçue et bouclée en quelques heures, sous le fouet de l'inspiration. D'un côté, un travail astrei-gnant, de longue haleine, de l'autre un éblouissement quasi instantané. Ne trouve-t-on pas la même différence entre un poème et un roman qu'entre un soupir d'extase et l'explication détaillée du phénomène qui l'a provoqué. En suivant cette idée, Boris Pasternak ne fait qu'obéir aux obsessions musicales de son enfance. Les rimes et les rythmes seront les notes de ses symphonies. Il n'ose s'y essayer encore, mais il se prépare insensiblement à cette nouvelle vocation en fréquentant non plus les philosophes Kant et Hegel, mais les poètes novateurs de la jeune littérature russe qui, autour d'Alexandre Blok et d'André Biely, forment le clan du « Musagète ». Parmi eux il fait son apprentissage de démolisseur prudent de la langue poétique. Toutefois, il lui semble qu'il se fourvoie encore dans des questions de pure technicité. N'est-ce pas son souci d'une prosodie originale qui bride l'enthousiasme dont il a besoin pour s'exprimer « à fond de poitrine » ? Ce qu'il lui faudrait, pense-t-il maintenant, c'est un grand élan sentimental pour inspirer ses vers. Il lui manque le grain de levain qui fera lever la pâte.

Or, c'est sans l'avoir cherché qu'il croit avoir découvert, un jour tout pareil aux autres, ce miracle de compréhension et de stimulation. Sa cousine Olga Freidenberg, qu'il rencontre lors d'un passage à Saint-Pétersbourg, lui ouvre subitement les yeux sur lui-même, sur ses aspirations et sur ses chances de succès. Leurs pères sont amis de longue date et Léonid Pasternak a épousé la sœur de Michel Freidenberg. Nés à quelques mois d'intervalle, le petit Boris et la petite Olga passent toutes leurs vacances d'été dans la datcha que les Pasternak possèdent près d'Odessa. Ce cousinage étroit se double d'une amitié sincère de part et d'autre. Olga n'est pas très jolie avec son grand front et son nez plongeant, mais l'expression sombre et décidée de son regard fait oublier les infimes disgrâces de son profil. Auprès d'elle, Boris éprouve un sentiment bizarre d'estime et de gratitude. Il la connaît trop pour chercher à percer son mystère, mais il apprécie qu'elle lui procure, par sa seule présence, le sentiment d'une absolue sécurité. Le lien familial qui les rapproche leur interdit toute pensée équivoque et les rassure. Lors de leur rencontre, en 1910, dans la datcha d'Odessa, Boris n'est encore pour elle qu'un étudiant en philosophie qui ne sait à quoi employer son talent, puisque, après avoir renoncé à la musique, il voudrait s'intéresser au dessin afin de suivre la vocation paternelle, ou enseigner la philosophie, bien qu'il soit peu enclin à endoctriner des adolescents ignares. Elle, de son côté, fréquente, en auditrice libre, les cours d'histoire et de littérature que dispense un « Cours supérieur de jeunes filles » annexe de l'université. Est-ce le goût qu'elle porte à la littérature en général ou l'intérêt qu'elle manifeste envers lui en tant qu'« écrivain potentiel » qui la rend à la fois si attentionnée et si attractive ? Subitement, leurs promenades dans la campagne, leurs conversations interminables devant un paysage ou après la lecture d'un livre lui semblent indispensables à son avenir. Cette impression d'une connivence profonde, il la retrouve chaque fois qu'elle vient passer quelques jours à Moscou dans la famille Pasternak. Quand elle repart pour Saint-

Pétersbourg, il l'accompagne jusqu'au train, et, dans un élan irraisonné, il lui écrit des cartes postales qu'il expédie séance tenante de la gare. Ce ne sont encore que les mots d'une plaisanterie amicale. Mais chaque billet en appelle un autre, toujours plus grave et plus affectueux. La correspondance qui s'engage entre eux les rapproche plus que ne le ferait un tête-à-tête quotidien. Dans leurs lettres entrecroisées, ils parlent aussi bien de leur admiration pour Maupassant que de menus évènements comiques survenus dans leur vie. Olga avoue que, quand elle le rencontre, elle l'écoute toujours parler sans l'interrompre car elle se juge insuffisamment instruite par rapport à lui et, même si elle ne comprend pas tout ce qu'il dit, elle devine à travers ses propos « quelque chose de neuf, de large, qui m'est proche par le rythme et par l'esprit, et qui m'entraînerait au bout du monde, loin des choses habituelles ». Elle ajoute dans ses commentaires : « Après avoir quitté Boris à Moscou, pour retourner à Saint-Pétersbourg, et avant qu'il m'eût écrit, je ne tenais pas en

place, j'attendais jusqu'à en perdre conscience, jusqu'à en perdre le sens et la raison, je restais sans rien faire à l'attendre. »
Elle est récompensée par une longue lettre
de Boris où il lui parle avec lyrisme de la
découverte qu'il a faite, jadis, grâce à elle,
de Saint-Pétersbourg, ville mythique,
fantomatique et exaltante entre toutes. « Je
suis tombé amoureux de Saint-Pétersbourg
et de votre famille mélangée, surtout de toi
et de ton père. [...] Je t'ai déjà parlé de ce
sentiment. Mais tu ne sais pas combien il a
grandi, grandi, et que m'est soudain appa-
ru un autre sentiment, douloureux à ton
égard. [...] C'est une sorte de rare intimité,
comme si toi et moi nous aimions une
seule et même chose, également indifférente
à notre égard et qui nous abandonnait
presque dans son extraordinaire inadap-
tation au reste de la vie. [...] Comprends-
tu, même si cela t'est très étranger, pourquoi je souffre tant de ton absence et et
quel genre de souffrance c'est là ? Si même
dans l'amour on peut traverser la route et
regarder à distance son émoi, [qui s'éloi-
gne] ce qui m'unit à toi, c'est quelque

chose qu'on ne doit pas quitter pour mieux le voir [1]. »

Cette correspondance ininterrompue devient, pour Boris comme pour Olga, l'équivalent d'une respiration nécessaire au bon fonctionnement de leur organisme. Mais, si Olga craint que ce sentiment fraternel ne se dégrade en devenant un amour aussi banal que celui de n'importe quel couple, elle s'irrite quand elle se sent sur le point de succomber à une attraction qu'elle réprouve. « Je suis différente parce que je ne veux pas donner de gages et de promesses. Si je dis que je suis différente, je nous libérerai tous deux, toi et moi, car ce sera quelque chose d'absolu et tu ne pourras m'appliquer aucune mesure, m'imposer aucune exigence. Etre telle que tu me représentes, c'est trop héroïque. [...] Ne crois pas en moi, car je te tromperai, tôt ou tard, par un seul mot, par un silence même, je te montrerai que tu te trompais sur mon compte, je te causerai du chagrin

---

1. Lettre du 23 juillet 1910.

parce que les désirs et les desseins ne se réalisent jamais jusqu'au bout [1]. » Elle a peur qu'il ne la place trop haut et il proteste qu'il a besoin d'elle plus qu'elle n'a besoin de lui et que, sans elle, il ne sait plus de quel côté diriger ses pas et son esprit. Et pourtant, il en est sûr, ce n'est pas de l'amour qu'il éprouve pour sa cousine. Elle, de son côté, si elle s'exalte en pensant à lui, se sent prisonnière vis-à-vis de lui d'une frontière physique infranchissable. Dès qu'elle passe la mesure dans l'expression de leur attachement réciproque, elle s'en offusque comme si elle l'accusait et s'accusait elle-même de lui inspirer une affection équivoque.

Malgré ces infimes malentendus, la passion épistolaire et fraternelle continue de plus belle. Entre-temps, comme un dur rappel à la réalité, Boris apprend que Léon Tolstoï vient de mourir dans la petite gare d'Astapovo, alors qu'il était en route pour regagner sa propriété de Iasnaïa Poliana. Léonid Pasternak, appelé par télégramme

---

1. Lettre du 25 juillet 1910.

pour assister aux obsèques, invite son fils à l'accompagner dans cet ultime hommage au grand disparu. Boris accepte et, arrivé à destination aux côtés de son père, découvre avec accablement, à la place du géant qu'il comptait saluer, le cadavre, couché dans un cercueil, d'un « petit vieillard ratatiné, un de ces vieillards créés par Tolstoï et qu'il a décrits et répandus à travers des centaines de pages ». Que restera-t-il de ce grand conteur d'histoires ? se demande-t-il. Sera-t-il aussi vénéré après sa mort que Pouchkine, qui a été moins prolifique mais peut-être plus émouvant ?

Il n'a guère le temps de s'attarder à ces comparaisons littéraires. En effet, à peine rentrée à Moscou, la famille Pasternak déménage une fois de plus, et, quittant l'Ecole de peinture, de sculpture et d'architecture, s'installe, dès les premiers jours de l'été 1911, dans un nouvel appartement au 14 de la rue Volkhonka. Mais – est-ce la fatigue du déménagement ? – quelques mois plus tard, la mère de Boris subit une sévère crise cardiaque et doit partir d'urgence pour suivre une cure en Allemagne à Bad Kissingen. Heureusement, ce n'est qu'une alerte. Sitôt requinquée, elle réintègre Moscou et la famille se reconstitue : elle surveillera de plus près la santé de la convalescente.

Provisoirement rassuré, Boris opte définitivement pour des études de philosophie et songe à s'inscrire à l'université de Moscou. Mais ce temple des sagesses essentielles a la réputation d'être un lieu de vains bavardages, sans rapports avec les derniers progrès de la science. L'établissement est même cité comme un exemple du charivari intellectuel moderne. Parmi les étudiants, la majorité, dit-on, se passionne pour les théories d'un certain Bergson, alors que les adeptes de l'école de Göttingen ne jurent que par Husserl et sa phénoménologie. Les autres, plus indécis encore, flottent entre toutes les explications métaphysiques du moment. Ils finissent par se regrouper autour du jeune Dimitri Samarine, fils du philosophe Youri Samarine, l'un des plus ardents défenseurs des doctrines slavophiles. Boris Pasternak se lie d'amitié avec ce condisciple surexcité et bavard, et d'emblée celui-ci lui conseille de ne pas perdre son temps parmi les professeurs rétrogrades de Russie et de partir pour l'Allemagne, où l'université de Marbourg est, selon lui, la pépinière des plus grands esprits de l'avenir. Alors que Boris désespère de pouvoir se payer un tel voyage, sa mère, attendrie par ses plaintes, lui offre l'argent nécessaire. Il s'évade donc, d'un cœur frivole, de cette Russie dont il croyait ne jamais avoir le courage de s'arracher.

Le voici enfin à Marbourg. D'emblée, il est séduit par la ville et par l'enseignement qu'on y dispense. Dédaignant les « salades habituelles » des maîtres moscovites, ceux de Marbourg connaissent à la perfection, estime-t-il, l'histoire de la réflexion humaine à travers les siècles et savent mettre en lumière « les trésors de la Renaissance italienne comme ceux du rationalisme français ou écossais ». « Je regardais l'histoire à Marbourg, écrit-il encore, avec les yeux de Hegel grands ouverts, c'est-à-dire d'une façon génialement généralisée, mais en même temps dans les strictes limites d'une vraisemblance [1]. »

L'admiration qu'il éprouve pour son professeur principal, Hermann Cohen, se double d'un attrait sentimental furtif pour les sœurs Ida et Hélène Vissotskaïa, ses amies d'enfance, de passage à Marbourg en juillet 1912. Le jour du départ de l'aînée, Ida, qui doit aller rejoindre ses parents à Berlin, Boris ose, tout à trac, lui avouer son amour et implorer la réciprocité. Le refus très sec et quelque peu ironique de l'intéressée le plonge dans une profonde humiliation. Ce sentiment d'échec lui gâche même, pendant quelques jours, le souvenir des thèses qu'il vient de présenter brillamment à l'université.

Il croit guérir de sa mélancolie et de son indécision chroniques en s'offrant un bref voyage en Italie, à Venise, à Florence et à Pise où il va retrouver ses parents. Mais rien de ce qu'il a appris auprès des plus grands philosophes allemands ou italiens, ou en visitant les plus riches musées de la

---

1. Cf. Pasternak : *Sauf-conduit.*

péninsule ne le rassure. « L'Italie a cristalli-
sé en moi, écrit-il, ce que nous respirons,
sans le savoir, depuis le berceau. J'ai compris, par exemple, que la Bible est moins
un livre au texte invariable qu'un carnet de
notes sur la vie de l'humanité... J'ai compris
que l'histoire de la culture est une chaîne
d'équations en images, unissant une notion
inconnue à une notion connue ; la notion
connue, invariable pour tous, étant la
légende, fondement de la tradition, et la
notion inconnue, toujours renouvelée,
étant le monde actuel de la culture. » En
fait, il est déçu par les maîtres de la pensée,
comme de la composition musicale, comme
du pinceau. Que doit-il faire pour être
véritablement lui-même ? « Au vu de cette
paralysie de l'esprit, peu m'importe, dit-il,
de quelle saleté ou de quelle bagatelle sera
fait l'obstacle. [...] Certes, il y a l'art, pour-
suit-il : il ne s'intéresse pas à l'homme,
mais à l'image de l'homme. Car il appert
que cette image de l'homme est plus
grande que l'homme lui-même. [...] Que
fait un honnête homme lorsqu'il ne dit *que*
la vérité ; le temps passe et la vérité en

profite pour prendre de l'avance. Sa vérité retarde, elle trompe. Est-ce donc ainsi que l'homme doit parler toujours et partout? Or, dans l'art, on lui ferme la bouche [1]. »

Pourtant ce n'est pas cette théorie désabusée qu'il soutient, l'année suivante, en février 1913, dans sa conférence sur le symbolisme et l'immortalité, prononcée devant un cercle d'experts en esthétique réunis dans l'atelier du sculpteur Kracht. Cette fois l'intention de Boris est de démontrer la subjectivité des sensations dans l'évocation de la vie courante et la complicité mystérieuse de l'homme avec la nature qui l'entoure. « Je présumais, dans ma conférence, écrira-t-il, que chaque personne qui meurt laisse derrière elle une parcelle de cette subjectivité générique immortelle qui se retrouvera dans l'homme durant la vie et qui le fait participer à l'histoire de l'humanité [2]. »

---

1. Cf. Pasternak : *Sauf-conduit.*
2. Pasternak : *Hommes et Positions.* « Année 1900 ».

Bien que plus éloquente que scientifique, cette profession de foi pour l'unicité de la création est fort applaudie. Du coup, Boris n'a plus de doute : il a choisi la bonne voie. D'ailleurs, dès le mois de juin 1913, il passe brillamment ses derniers examens de philosophie. Il a fini d'apprendre, il va pouvoir enseigner. Mais quoi ? Il veut se donner encore le temps de réfléchir et décide de commencer par prendre un repos bien gagné, avec ses parents, dans le village de Molodi, proche de Moscou. Or la campagne, le silence, l'oisiveté ensoleillée ne l'incitent guère à trancher dans le vif. Il trompe son ennui en feuilletant les livres de ses auteurs préférés. Et subitement, une aurore éblouissante se lève dans son cerveau engourdi. Il relit, par hasard, quelques poèmes de Tiouttchev, mort dans les dernières années du siècle précédent et dont il croit entendre la voix à son oreille. Ce sont des mots et pourtant, c'est une mélodie, et cette mélodie est aussi, pour lui, l'évocation d'un sentiment secret. N'est-ce pas là un langage idéal alliant la musique à la pensée, le cœur insaisissable au corps trop présent? Qu'attend-il donc pour se pencher sur cet instrument aux riches résonances que le vocabulaire russe offre à son imagination?

Avec une inconscience radieuse, il se lance dans l'aventure. « Je lisais Tiouttchev, racontera-t-il, et, pour la première fois de ma vie, j'écrivais des vers, non pas exceptionnellement mais souvent et constamment, comme on fait de la peinture et de la musique. [...] Ecrire des vers, les couvrir de ratures et réécrire ce que j'avais biffé était un besoin profond de mon être et me procurait un plaisir incomparable, qui allait jusqu'aux larmes [1]. »

Dans ce premier essai, il s'efforce tout à la fois de résister aux enchères du romantisme sans pour autant recourir aux rythmes martelés et aux assonances bizarres prônés par les novateurs. Sa seule préoccupation, il en convient, est d'habiller une pensée moderne d'un vêtement aussi

---

1. Pasternak : *Hommes et Positions.*

classique et discret que possible. Ainsi lit-on dans son premier poème, consacré au « Mois de février » :

> Février. De l'encre et des larmes !
> Ecrire en sanglots février
> Quand la gadoue et le vacarme
> Eclatent noirs et printaniers.
>
> Un fiacre ! Et pour six sous se rendre,
> Par carillons et par cahots,
> Là où l'averse est plus bruyante
> Encore que l'encre et les sanglots [1].

Le reste est à l'avenant, aimable, harmonieux et sans fausses audaces.

En voyant ses vers imprimés pour la première fois dans l'almanach *Lirika* à Moscou en 1913, Boris Pasternak a le sentiment de s'être déshabillé et de se livrer tout nu aux sarcasmes des lecteurs. Ces premiers pas, très timides encore, ne soulèvent aucune remarque enthousiaste ou désobligeante dans la presse. Pourtant le

---

1. Traduction de Michel Aucouturier.

maître du symbolisme, Valeri Brioussov, examinant la production poétique de l'année écoulée, conclut : « Le plus original des nouveaux venus est Boris Pasternak. »

Plus tard l'article qu'il consacrera, dans *La Pensée russe*, à cet auteur hier inconnu sera encore plus élogieux. « Ses images étranges et parfois absurdes ne paraissent pas affectées. [...] La *futuricité* des vers de Pasternak n'est pas une soumission à une théorie quelconque mais un tour d'esprit particulier. »

Être admis dans le petit cercle des poètes « sincères », Boris n'a jamais rêvé plus haute récompense. Le voici définitivement perdu pour la philosophie, qu'il a trop longtemps étudiée, et voué à un art où il n'a pas encore fait ses classes. Et cependant, il ne regrette rien. Même pas le temps perdu à la recherche de sa véritable vocation !

II

Futuristes d'hier et de demain

Il est à peine remis du plaisir vaniteux d'avoir été publié dans une « vraie revue » avec de « la vraie encre », sur du « vrai papier », comme un « vrai poète », que l'édition de son premier recueil de vers, *Un jumeau dans les nuées*, préfacé par son ami, l'écrivain Nicolas Asseïev, provoque une rupture dans le groupe littéraire qui était, jusque-là, unanime à le soutenir. Désireux d'aller de l'avant en prosodie comme en pensée, les « novateurs », avec à leur tête Boris Pasternak, Nicolas Asseïev et Serge Bobrov, se séparent ostensiblement des « conformistes attardés » réunis autour de Vadim Cherchenevitch, fondateur du mouvement futuriste, qui accorde trop de crédit, selon Boris Pasternak, aux cabrioles du langage et des idées. Convaincu que ces égarés font fausse route, il se sépare d'eux et fonde, avec quelques partisans de la novation intelligente, sur les ruines du groupe Lirika, un groupe original, Tsentrifougâ (la Centrifugeuse). Allant plus loin, il insère dans *Le Manupède*, premier recueil inspiré par ce mouvement, un article virulent, intitulé « La Réaction de Wassermann ». Il y dénigre toute valeur esthétique aux prétentions des futuristes et accuse les rédacteurs de leur opuscule, *Le Futurisme russe*, d'accumuler les déclarations alambiquées et les contrevérités. Selon lui, Vadim Cherchenevitch conduit cette troupe de déséquilibrés vers un avenir sans issue. S'estimant calomniés, les futuristes, Vadim Cherchenevitch à leur tête, demandent une mise au point solennelle et publique signée par leurs détracteurs.

La réunion d'explication a lieu, non sans arrière-pensées, vindicatives de part et d'autre, au mois de mai 1914, dans un café jugé neutre du quartier de l'Arbat. Mais Vadim Cherchenevitch a appelé à la rescousse, en même temps que tous les futuristes de son équipe, le jeune et brillant Vladimir Maïakovski. Boris Pasternak a lu quelques vers de lui jadis et l'a aperçu, à une ou deux reprises, mais de loin, lors d'une assemblée de confrères. Cette fois-ci, en l'approchant, en l'écoutant, en l'observant, il est brusquement séduit par sa prestance et son autorité. « Le principal, chez lui, écrira-t-il, c'était une implacable maîtrise de soi [...] et un sentiment du devoir qui ne lui permettait pas d'être un autre, moins beau, moins spirituel, moins doué. »

Mais déjà s'engage l'assaut des critiques et des répliques, des concessions et des rétractations. Cet échange d'arguments spécieux, entre les émules de l'expression littéraire d'autrefois et des effeuilleurs de langage qui se prennent pour les inventeurs d'une sensibilité originale, n'aboutit à rien de concret. Chacun reste sur ses positions. Il est vrai qu'à l'époque où se déroulent ces chamailleries artistiques en Russie, un conflit d'une autre importance menace la planète et les journaux parlent davantage de ce sujet, qui agite les capitales européennes, que des bisbilles entre gens de lettres en quête d'une identité.

Pour survivre dans ces mois de pénurie, d'inaction, d'hésitation, Boris entre comme précepteur chez le fils du poète lituanien Jurgis Baltrusaïtis et passe l'été dans le domaine de celui-ci, au bord de l'Oka, près de la ville d'Alexine. Là, il occupe ses loisirs à traduire la comédie de Kleist, *La Cruche cassée*, et à bavarder avec les autres invités de la maison dont tous semblent plus ou moins préoccupés par l'imminence d'une guerre. Compte tenu de la récente alliance franco-russe, et de l'amitié russe pour les « frères slaves » de Serbie, en butte aux prétentions germaniques, la Russie ne serait-elle pas entraînée à combattre l'Allemagne ? Les évènements se précipitant, Boris Pasternak est convoqué au mois de juillet 1914, à Moscou, pour passer devant le conseil de révision. Ce jour-là, il bénit l'accident de cheval de ses jeunes années. Après un examen médical, il reçoit un « billet blanc », à cause du raccourcissement de la jambe cassée dans son enfance. Rassuré de ce côté-là, il retourne, avec une satisfaction mitigée de scrupules, à son métier temporaire de précepteur. Mais, entre-temps, il a changé d'élève et s'occupe maintenant du jeune Walter Philipp, fils de Moritz Philipp, riche négociant allemand établi en Russie. Celui-ci le traite et le rétribue fort correctement. Et cependant, dans la Russie en guerre, le devoir de tout bon patriote est de détester l'Allemagne. Quelle absurdité ! En représailles la populace, excitée, saccage les bureaux du pacifique Philipp. « On détruisait méthodiquement, au su de la police, affirme Boris Pasternak. Dans le chaos général, on me laissa mon linge, ma garde-robe et d'autres babioles, mais mes lettres et mes manuscrits partagèrent le sort commun ou furent anéantis. » Et il ajoute, avec un scepticisme amer : « Il est plus indispensable dans la vie de perdre que de gagner. Le grain ne lève pas s'il ne meurt. Il faut vivre sans se lasser, regarder en avant et se nourrir de ses provisions vivantes que l'oubli ou le souvenir se chargent d'élaborer [1]. »

Au début, l'enthousiasme brouille le jugement des gens les plus avisés. Par respect de la parole donnée à la France, à la Serbie, à tout le monde civilisé, on vole au secours des populations innocentes. D'ailleurs, la Russie paraît innombrable et invincible. Elle écrase les Autrichiens qui combattent aux côtés de l'Allemagne. Tous les espoirs sont donc permis. La guerre sera rapide et peu coûteuse en vies humaines. Mais, aussitôt après ces débuts prometteurs, les Russes subissent de telles pertes en essayant d'envahir la Prusse-Orientale que le doute s'installe à Moscou. On chuchote déjà, autour de Boris Pasternak, que l'armée nationale est, sans conteste, la plus courageuse, mais aussi la plus mal équipée, la plus mal ravitaillée et, peut-être même, la plus mal commandée de tout le clan allié. De bataille en bataille, les soldats du tsar se font exterminer sur place ou sont

---

1. Pasternak : *Hommes et Positions,* « Avant la première guerre mondiale ».

contraints à la retraite. En Pologne même, ils sont forcés de se replier lamentablement. La chute de Lodz marque la fin des illusions pour ceux qui rêvaient encore d'une prompte victoire. La liste des morts et des disparus s'allonge selon un rythme funèbre accéléré. Il n'y a presque plus une famille russe qui ne soit en deuil.

Tout en souffrant de ne pouvoir rejoindre ses compatriotes dans le danger, Boris éprouve une coupable gratitude envers l'infirmité qui lui permet de se tenir à l'écart de l'aventure sanglante où l'Europe s'est laissé entraîner. Plus le massacre s'amplifie et plus il se persuade qu'il est davantage utile à son pays en essayant de « créer » qu'en s'acharnant à « détruire ». Tandis que les combats font rage au-delà des frontières, il s'efforce de vivre « autrement » et continue à fréquenter des écrivains, des musiciens, des actrices, pour parler avec eux non plus de la tuerie démentielle qui ravage la planète, mais de poésie, de peinture, de musique. C'est là, se dit-il, la meilleure thérapie contre le poison de violence qui fait perdre la tête aux trois quarts de l'humanité. S'il s'éprend, en passant, d'une jeune et jolie pianiste, Nadejda Siniakov, étudiante au Conservatoire, c'est moins sous l'effet d'une attirance physique que par besoin d'un équilibre affectif. Ce qu'il recherche auprès d'elle, ce ne sont ni les caresses, ni les compliments, mais l'illusion de la paix des cœurs qu'il a connue autrefois.

Pour se distraire, il commence à écrire une nouvelle en prose, *Le Trait d'Apelle*, inspirée par le souvenir de son voyage en Italie. Dans ce texte, il s'abandonne aux charmes d'un romantisme décadent et d'un symbolisme fantastique. C'est sa façon de réagir contre la réalité dégradante de la guerre. Mais la nouvelle sera refusée par *La Pensée russe*, cette revue la jugeant particulièrement anachronique et inutile au milieu du fracas des armes. En revanche, sa traduction de *La Cruche cassée* de Kleist est publiée dès le mois de mai 1915, dans la revue *Le Contemporain*. Mais patatras! en relisant le texte, Boris constate qu'il a été remanié et corrigé sans même qu'il en ait été avisé. Etant un novice dans le

« métier », il pourrait ne pas se formaliser de ce manque d'égards. « Mais, écrit-il, les sentiments de la justice, de la modestie, de la reconnaissance n'avaient pas cours dans la jeunesse artistique de gauche. Ils étaient considérés comme des marques de sentimentalité et de mollassonnerie. [...] Au lieu d'être plein de gratitude envers la rédaction du *Contemporain*, je me plaignis à elle [1]. » D'une plume acérée, Boris écrit au responsable de la « mutilation » pour lui exprimer l'indignation que lui inspire ce procédé discourtois. Mais il se trouve que le directeur de la revue n'est autre que le fameux Maxime Gorki, dont l'orientation révolutionnaire fondée sur « le réalisme russe, en littérature comme en politique », est connue de tous. En outre, c'est Gorki lui-même qui a effectué les retouches incriminées. Haussant les épaules, le maître ne juge pas utile de répondre aux ridicules protestations d'un débutant, et l'affaire en reste là.

---

1. Pasternak : *Le Docteur Jivago*.

Tout autre est la réaction du cher et grand Vladimir Maïakovski, que Boris retrouve à l'occasion d'un long séjour dans la capitale. Si Saint-Pétersbourg a troqué, dès la déclaration de la guerre, son nom aux consonances trop germaniques contre celui, dûment russifié, de Petrograd, Maïakovski, pour sa part, est resté le même. Toujours aussi exalté, ébouriffé, généreux et inattendu, il se met en devoir d'introduire ce jeune et modeste confrère auprès de ses amis les plus influents. Il le recommande même au critique Ossip Brik comme un coryphée de la poésie russe en marche vers la libération de tous les systèmes. Or, quelles que soient ses ambitions, Boris doit songer d'abord à assurer son gagne-pain. Pour subsister en continuant à écrire ce qui lui passe par la tête, il accepte un poste secondaire dans les usines chimiques Ouchkov, situées dans le gouvernement de Perm. Affecté au service administratif de l'établissement, il profite de son accès au « bureau militaire » pour libérer, selon son propre aveu, « par cantons entiers » les appelés qu'on avait affectés dans les fabriques et qui travaillaient pour la défense. Pressentant une défaite désastreuse sur le front russe et s'attendant à une protestation massive des futures recrues à l'idée de rejoindre leurs aînés sur la ligne de feu, il n'est nullement surpris en apprenant qu'un début de révolution a éclaté parmi les ouvriers de Saint-Pétersbourg.

Y a-t-il encore un gouvernement? Y a-t-il encore une Russie? Est-on encore en guerre? Sans chercher à en savoir davantage, Pasternak part pour Moscou. En arrivant, il se demande s'il est en Russie. Plus d'emblèmes impériaux sur les façades des bâtiments officiels; aucune référence à une clientèle aristocratique sur la porte des magasins de luxe. L'habillement des passants a changé et même l'expression de leur visage. Les anciens domestiques devenus arrogants toisent de haut leurs anciens maîtres, qui rasent les murs. Et cependant, il y a de l'électricité dans l'air, parce que quelques illuminés pensent que la fin de la guerre est pour demain et qu'on va, tous ensemble, construire un nouveau monde à partir de rien.

Plus circonspect, Pasternak se contente d'observer cette transfiguration de sa patrie humiliée, dévastée et cependant pleine d'espérance. Il loge d'abord chez ses parents, rue Volkhonka, mais leur humeur, constamment aigrie par les évènements, l'incite à fuir cette atmosphère de nostalgie, de rancœur et de sénilité précoce, et il va s'installer dans une chambre meublée au centre de Moscou. Puis dans une autre, et une autre encore. Pendant qu'il change ainsi de domicile au gré de son humeur, la Russie, elle, change de régime. Acculé à l'abdication par ses propres généraux, le tsar n'est plus qu'un fantôme, interné avec sa famille à Tsarskoïe Selo. Un soviet d'ouvriers et de soldats dicte ses décisions à un gouvernement provisoire auquel personne ne croit. Pour se convaincre de la nécessité de ce grand désordre, Boris renoue avec son ancienne compagne, Elena Vinograd, cette étudiante aux nobles fureurs politiques, qui est encore inscrite au cours supérieur de jeunes filles mais semble de plus en plus dominée par son frère Valérien, un vrai Robespierre! Valérien est d'ailleurs associé aux activités révolutionnaires du gouvernement local, en l'espèce le *zemstvo* de Saratov. Les évènements se bousculent au point que chaque jour apparaît à Pasternak comme une addition de promesses et de menaces contradictoires. Le gouvernement provisoire, ayant décidé de poursuivre la guerre coûte que coûte, renforce la position de ceux qui, au contraire, exigent la paix immédiate et à n'importe quel prix.

Dans ce capharnaüm politique, l'événement déterminant est le retour de Lénine, réfugié en Suisse, mais dont les Allemands ont facilité le transfert en Russie dans l'espoir qu'il ne tarderait pas à détourner son pays de la guerre pour le tourner vers la révolution. Sans doute est-ce Elena Vinograd, toujours survoltée, qui persuade Pasternak d'assister à l'un des premiers meetings du leader communiste. Moins enthousiaste que sa compagne devant l'éloquence du tribun, il comprend néanmoins qu'en prônant la nationalisation des banques, le contrôle des ouvriers sur les usines, la distribution de la terre aux paysans, la paix immédiate et la transmission de tous les pouvoirs politiques aux soviets, c'est à « une seconde naissance », douloureuse peut-être, qu'il invite ses compatriotes. En « futuriste » sincère mais circonspect, Pasternak ne peut qu'approuver tout changement dans l'idéologie traditionnelle de ses contemporains. D'ailleurs, la chute du gouvernement provisoire, l'adhésion massive des ouvriers aux thèses du socialisme intégral, l'élection de Trotski à la présidence du soviet de Petrograd, la création par lui d'une garde rouge, la prise de pouvoir par les bolcheviks alors qu'ils sont en minorité dans la nouvelle Assemblée constituante, et jusqu'à la création d'une police politique, aux pouvoirs exorbitants, la Tchéka, toutes ces innovations, Elena les avale de grand cœur, comme des verres de vodka au banquet de la liberté. Et Pasternak participe à son ivresse. Elle lui est doublement désirable : par son corps et par sa pensée! Pour elle – il le devine et cela le stimule! – faire l'amour et faire la révolution sont les deux aspects d'une même exigence charnelle. Alors que des combats de rues se poursuivent dans Moscou, où les militaires fidèles à l'ancien régime tentent en vain de repousser les hordes d'insurgés qui dressent des barricades, pillent les maisons et exécutent sur place les suspects « d'apparence bourgeoise », Elena trouve des excuses à toutes les exactions commises au nom de la bonne cause. Peut-être éprouve-t-elle un secret plaisir à imaginer qu'au moment où Boris la couvre de baisers, tout près d'eux, dans la ville, on perquisitionne, on dévalise, on arrête des dizaines d'inconnus qui tremblent pour leur peau alors qu'elle jouit dans la sienne. Comblé physiquement sans l'être moralement, Pasternak demande, comme toujours, aux subtilités de l'écriture de le sauver des horreurs de la vie. Pourtant, parlant de cette période chaotique, il écrira : « Quelle magnifique chirurgie. Un, deux, trois, et l'on vous crève artistement les vieux abcès fétides !... C'est le miracle de l'histoire, cette révolution braillée en pleine vie de tous les jours et sans égards pour elle. Ça ne commence pas au commencement mais en plein milieu [...] en des jours semblables à tous les autres, alors que les tramways parcourent la ville. » Et encore : « On pourrait prétendre que chacun a subi deux révolutions, la sienne et celle de tous [1]. » A ce propos il fait dire à son héroïne, Lara, dans *Le Docteur Jivago* : « Ce n'est qu'une fois dans l'éternité qu'arrivent ces histoires de fous ! Songez, la Russie entière a perdu son toit, et nous, avec tout un peuple, nous nous trouvons à ciel ouvert. Personne pour nous surveiller, la liberté ! La vraie liberté, pas celle des mots et des revendications, mais celle qui tombe du ciel contre toute attente. La liberté par hasard, par malentendu. »

Dans l'ombre, ou plutôt dans la chaleur d'Elena Vinograd, il rédige un début de roman dont le titre provisoire est *Trois noms* [2]. Mais auparavant, il a pris le temps d'écrire, avec un rare bonheur, les poèmes de deux recueils, *Ma sœur la vie* et *Thèmes et Variations*. Dans ces vers, d'une inspiration très libre, il a voulu, comme il

---

1. Pasternak : *Le Docteur Jivago.*
2. Le titre définitif de cet ouvrage, resté inachevé, sera *L'Enfance de Luvers.*

l'avouera plus tard à Trotski, chanter « le matin de la révolution », tel qu'il en ressentait les effets dans la société ambiante et dans son cœur. Sans le vouloir expressément, il cède, pendant son travail, aux délices de l'impromptu et de la spontanéité. Un jeu de surprises, faites à l'auteur par l'auteur lui-même. Il s'en explique d'ailleurs indirectement dans quelques strophes symboliques :

> La vie est ma sœur, et voici qu'elle explose ;
> Et cogne, en pluie, en pleurs, en gifle de
>   printemps !
> Mais les gens à faux col sont hautains et
>   moroses
> Et, serpents dans le chaume, ils piquent
>   poliment [1] !

Ou bien :

> C'est un bruit de glaçons écrasés, c'est un cri,
> Sa strideur qui s'accroît et qui monte,
> C'est la feuille où frémit le frisson de la nuit,
> Ce sont deux rossignols qui s'affrontent [1].

---

1. Traduction de Hélène Henry et Michel Aucouturier.

Ou encore :

Que ton âme s'émeuve. Oh! qu'elle écume
    toute!
Le monde est au zénith. Que fais-tu de tes
    yeux?
Là-haut, vois tes pensées bouillonnant en
    déroute
De nuages, de vents, de faines et de freux.

Ce mélange de panthéisme et de sensualité est d'une fraîcheur très simple, derrière laquelle se dissimule l'aventure amoureuse que vit Boris Pasternak aux côtés d'Elena Vinograd. Il ne veut plus voir qu'elle, n'écouter qu'elle et profiter de la première occasion pour la rejoindre, que ce soit à Moscou ou à Saratov. Cette « exclusivité » le tient prisonnier durant plusieurs mois. L'année suivante, il consent enfin à sortir de sa coquille et à fréquenter quelques poètes symbolistes attardés, tels les fameux Balmont, Ivanov, André Biely, et les futuristes toujours groupés sous l'autorité radieuse de Maïakovski. Cette rencontre entre deux générations d'écrivains est à la fois exaltante et mélancolique. Ceux qui sont en fin de carrière regardent avec envie ceux qui les remplaceront demain. On ne sait plus si on assiste à un banquet de promotion ou à un repas de funérailles. Dominant son malaise, Pasternak distingue parmi les « novateurs » le visage d'une femme, qui le frappe par l'expression fulgurante et directe de son regard. C'est une familière des poètes Brioussov et Ilya Ehrenbourg; une certaine Marina Tsvetaeva, dont les vers parcourus jadis ne l'avaient guère ému. Mais voici qu'appelée par des amis à en réciter quelques-uns, séance tenante, elle s'exécute. Et subitement, pour Pasternak, tout change. En écoutant Marina Tsvetaeva, il découvre, de son aveu même, que « les mots peuvent avoir un contenu et un sens indépendamment des colifichets dont on les décore. » Et il poursuit : « Parmi cette jeunesse qui ne savait pas s'exprimer en pesant ses paroles, qui érigeait ses balbutiements en vertu, et qui se contraignait à l'originalité, seuls deux êtres, Asseïev et Tsvetaeva, s'exprimaient de manière humaine et écrivaient dans une langue et un style classiques. [...] Tsvetaeva a été justement ce que voulaient être et n'ont pas été tous les autres symbolistes réunis. Là où leur littérature se débattait impuissante dans un monde de schémas artificiels et d'archaïsmes sans vie, elle passait avec légèreté par-dessus les difficultés de la véritable création [1]. » Il conclut : « Tsvetaeva était une femme à l'âme virile, active, décidée, conquérante dans sa vie comme dans son œuvre ; elle s'élançait impétueusement, avidement, presque avec rapacité, vers le définitif et le déterminé [2]. »

Moins farouchement résolu que Tsvetaeva dans ses choix sentimentaux, politiques et littéraires, Pasternak décide néanmoins de rompre avec les futuristes et publie, en avril 1918, dans ses *Lettres de Toula,* un adieu définitif à ses anciens amis de l'avant-garde. « Quel malheur que de

---

1. Pasternak : *Hommes et Positions.*
2. *Id., ibid.*

naître poète! ironise-t-il, quel tortionnaire que l'imagination!» Et il transpose, tant bien que mal, le déchirement qu'il a éprouvé en se séparant du milieu futuriste, cher à Maïakovski, aux regrets d'un jeune poète accompagnant à la gare sa bien-aimée qui va partir pour le bout du monde. Or, contrairement à ses prévisions, il a l'occasion de revoir Maïakovski à plusieurs reprises, sans le moindre embarras. Une fois même, en janvier 1919, il s'enhardit jusqu'à lire devant lui *Ma sœur la vie*, encore inédit à cette époque. Maïakovski lui fait compliment de son talent, mais s'attache surtout à souligner l'importance de la mission des écrivains et principalement des poètes dans la nouvelle société qui est en train de naître en Russie. La toute jeune République socialiste fédérative soviétique de Russie (R.S.F.S.R.) a choisi Moscou comme capitale. Entre-temps, le Politburo, avec Lénine à sa tête, finit par accepter de signer un accord de paix avec l'Allemagne. En échange de l'arrêt des combats, les Soviétiques acceptent, à Brest-Litovsk, d'abandonner quelques-unes des plus riches provinces de l'ancien empire. Puis, estimant que la présence du tsar, même détrôné et soumis à surveillance, à Tsarskoïe Selo, est néfaste à l'épanouissement de l'esprit « libertaire » de la population, on expédie Nicolas II et sa famille à Iékatérinbourg, au fin fond de la Sibérie, où ils seront tous massacrés, en juillet 1918, par les « milices locales », avec l'assentiment de Lénine.

Connaissant les méthodes expéditives du gouvernement, toute la population de Russie vit à présent dans la terreur des dénonciations et des arrestations pour crimes réels ou imaginaires. Pasternak, comme les autres, se demande chaque matin ce dont on pourrait bien l'accuser, le soir venu. Qu'une voiture s'arrête devant la maison, qu'on frappe à sa porte et il est sur le qui-vive ! Et cependant, tout en déplorant le despotisme de ce nouveau dictateur à casquette et à barbiche, il ne peut s'empêcher de lui reconnaître une grande valeur historique. « Il a été, notera-t-il, l'âme et la conscience de l'une de ces curiosités rarissimes : le visage et la voix d'une grande tempête russe, unique et extraordinaire. Avec la fièvre du génie, sans la moindre hésitation, il a pris la responsabilité d'une débauche de sang et de destruction comme le monde n'en avait encore jamais vu. [...] Il a permis à la mer de se déchaîner, l'ouragan est passé avec sa bénédiction [1]. »

Au fil des jours, Pasternak se persuade que, après la secousse du cyclone bolchevik, ses compatriotes se ressaisiront et se rassembleront dans la sagesse, d'autant que, les Alliés ayant triomphé de l'Allemagne, un traité de paix en bonne et due forme a été signé entre les belligérants, en juillet 1919, à Versailles. Pour retremper sa foi en une éclaircie universelle, il se rend, en janvier 1920, au Cercle linguistique de Moscou, sous la présidence de Roman Jakobson, afin d'entendre Maïakovski réciter son dernier poème, qui est, dit-on, un hommage à la révolution. Au vrai, il y a longtemps que Pasternak est agacé par

---

1. Pasternak : *Hommes et Positions.*

l'outrance du prosélytisme séditieux de son confrère. La revue *Lef*, que dirige Maïa-kovski, est d'ailleurs furieusement orientée vers les idées extrémistes, si bien qu'à chaque page l'art et la politique se confondent et se contredisent. « Je ne comprenais pas son zèle de propagandiste, écrira Pasternak, la façon dont lui-même et ses camarades cherchaient à s'implanter de force dans la conscience sociale, ce compagnonnage, cet esprit corporatif, cette soumission à la voix de l'actualité. » Et Pasternak cite plaisamment le cas d'un des membres de la même équipe, le poète et auteur dramatique Serge Tretiakov, qui prétend effrontément devant tout un chacun : « Il n'y a pas de place pour l'art dans un jeune Etat socialiste, en tout cas au moment de sa naissance. » Exaspéré par le sectarisme de certains de ses confrères et, en premier lieu, du plus arrogant et du plus avantageux de tous, l'inimitable Maïakovski, Pasternak note rageusement : « Il y a eu deux phrases fameuses sur notre temps : la vie est devenue meilleure et la vie est plus gaie à vivre ! » Ce double aphorisme, dont la fausseté peut se vérifier chaque jour dans les rues de Moscou devant l'air accablé, affamé et apeuré des passants, l'indigne comme l'exploitation systématique d'un mensonge. Alors qu'il souhaiterait replonger dans l'ombre et presque dans l'anonymat pour mieux mûrir ses idées et fignoler ses vers, il s'étonne que son ami prenne un tel plaisir à s'afficher comme un des grands hommes de la nouvelle Russie. Tout à coup, les chroniqueurs découvrent en Maïakovski le symbole de la poésie prolétarienne. Les journaux débordent de louanges envers l'intellectuel raffiné qui, descendant de son piédestal, a enfin compris que la véritable signification de l'art était dans l'encouragement au progrès social. Ecœuré par tant de bassesse, Pasternak note ironiquement dans *Hommes et Positions* : « On se mit à implanter Maïakovski de force, comme on l'avait fait pour la pomme de terre du temps de Catherine. » Aux yeux de Boris Pasternak, cette fausse gloire officielle équivaut, pour un écrivain, à une mise à mort prématurée. Il ne se gêne pas pour laisser entendre à son ancien compagnon de route que son dernier poème l'a consterné au lieu de l'émouvoir. Les deux hommes se séparent courtoisement mais froidement. Parlant des dernières œuvres de Maïakovski, Pasternak écrira même : « Je reste indifférent à ces modèles d'écriture maladroitement rimés, à ce vide alambiqué, à ces lieux communs et à ces vérités rebattues, exposés d'une manière si artificielle, si embrouillée, et avec si peu d'esprit. A mon point de vue, c'est là un Maïakovski nul, inexistant. Et il est étonnant que ce Maïakovski inexistant ait pu être tenu pour révolutionnaire [1]. »

Or, tandis que Boris s'efforce encore de croire que l'art peut consoler de tout, il constate que ses parents, Léonid et Rosa, supportent de plus en plus difficilement la vie chaotique et précaire de Moscou. Ils ne sont plus chez eux dans cette ville sans âme. La rancœur endémique, les persécutions de toutes sortes, la misère, la crainte

---

1. Pasternak : *Hommes et Positions*.

les poussent à lorgner du côté de la frontière. Soudain, ils ne tiennent pas en place. N'étant plus chez eux sur la terre où ils sont nés, pourquoi n'iraient-ils pas chercher refuge sous un climat et un régime plus tempérés? Au début de l'année 1921, leur décision est prise. Ils vont partir pour l'Allemagne. Désormais, les visas pour l'étranger sont délivrés sans trop de complications. Leurs deux filles les accompagneront dans cet exil agréable. Mais les deux fils, eux, sont plus réticents. Alexandre, qui se destine au métier d'architecte, ne veut pas s'expatrier avant d'avoir donné des preuves de son savoir-faire en Russie. Quant à Borıs, il est plus catégorique encore et affirme qu'il ne conçoit pas de vivre dans un pays dont le peuple, quelle que soit sa culture, ne parle pas la langue dans laquelle il écrit ses poèmes. Il affirme qu'il préfère le dénuement parmi des gens qui le comprennent à demi-mot, plutôt que le confort et le luxe dans un milieu étranger à sa musique intérieure. Bref, ce qui le retient sur la terre natale, ce n'est ni l'estime de ses contemporains, ni la beauté des paysages, ni le doux poids des souvenirs, mais l'envoûtement d'un vocabulaire dont il ne se lasse pas de savourer la richesse. Boris vient d'avoir trente ans, Alexandre en a vingt-sept. L'un et l'autre éprouvent le sentiment d'une émancipation nécessaire. Pour eux, les débuts de la vie active coïncident avec les débuts de la nouvelle Russie. Au moment où il dit adieu à ses parents et à ses sœurs sur le quai de la gare, Boris se découvre à la fois démuni, attristé mais délivré.

Pour subvenir à leurs besoins, les deux frères louent une partie de l'appartement paternel à quelques inconnus qui leur sont imposés par le comité du quartier. Certes, ils ne sont plus tout à fait chez eux dans ce caravansérail. Mais aucun de ces inconvénients ne décourage Pasternak. Tout n'est que ruine autour de lui, les traditions, les réputations, les maisons. Et cependant, lorsqu'il pense aux poèmes qu'il écrira demain, il a l'impression qu'il a enfin le droit, et même le devoir, de chanter dans un cimetière.

III

Déboires d'un révolutionnaire qui doute de la révolution

Les premières nouvelles que Boris reçoit de ses parents sont rassurantes. Il est même surpris de l'aisance avec laquelle ils acceptent leur exil en Allemagne. Comment peuvent-ils ne pas regretter ce qu'ils ont perdu ? Une lettre de son amie d'enfance, la tendre et discrète Olga Freidenberg, le confirme dans l'agréable illusion que, s'il a eu raison de rester en Russie, ses proches ont eu raison d'en partir. Comme elle-même a préféré demeurer chez elle dans la capitale au lieu de s'expatrier, elle lui écrit pour lui vanter le charme d'un Petrograd à demi désert et lui assure qu'une longue suite de malheurs l'a rendue optimiste au point que la dévastation de la ville lui paraît maintenant nécessaire à la naissance de la liberté, « qui fera éclore les fleurs ». Il lui répond, le 29 décembre 1921, pour la féliciter de son entrain et lui donne des nouvelles de ses propres parents, qui se sont si bien acclimatés à l'étranger. « Tu sais, ils revivent là-bas et les lettres des parents sont plus jeunes que celles de leurs destinataires et ceux qui les lisent ici n'osent l'avouer. » Mais, au moment même où il trace ces lignes, ce n'est pas la pensée d'Olga Freidenberg qui l'occupe : une nouvelle femme a surgi, tel un météore, dans son existence. Agée de vingt-deux ans à peine, Eugénie Vladimirovna Lourié est étudiante au cours supérieur de mathématiques réservé aux jeunes filles de Moscou lorsque Pasternak fait sa connaissance. Un sourire lumineux irradie de ses yeux et de ses lèvres. Elle a constamment l'air ensoleillée par l'approche de quelque bonheur. Est-ce cette disposition de joyeuse voracité devant les êtres et les évènements qui enflamme

Boris? Toujours est-il qu'il recherche la compagnie d'Eugénie, autant pour sa candide beauté que pour reprendre foi, auprès d'elle, en sa très incertaine carrière de poète. Dans ses moments d'exaltation extrême, il se persuade qu'on ne peut être un vrai poète sans être un vrai révolutionnaire. Encore faut-il que ces derniers gardent une certaine mesure dans leurs exigences et leur violence. Ce qui n'est pas toujours le cas. Tout va mal en politique si tout va bien en poésie! Chaque jour, des bouleversements populaires d'une portée considérable viennent contrecarrer les aspirations naturelles de l'écrivain. Le mois de mars 1921 est marqué par une recrudescence des désordres dans la rue et par la mutinerie des marins de Cronstadt, excédés par une discipline d'un autre âge. Pour calmer les esprits, le Xe congrès du Parti communiste tente de sauver ce qui peut l'être encore des débris d'une révolution qui a ruiné l'U.R.S.S. C'est le moment choisi par Lénine pour annoncer un tournant radical dans sa politique : la N.E.P. (nouvelle politique économique) accorde un semblant de liberté aux artisans et aux exploitants de terres arables. Ces quelques mesures sporadiques, destinées à apaiser l'inquiétude des « spoliés » de la révolution, sont saluées par les journaux soviétiques comme étant la preuve que le principal souci du pouvoir est toujours celui de l'égalité des chances, des droits et des responsabilités dans la société prolétarienne. Ce même mois, Pasternak accepte, avec quelque appréhension, de participer à une soirée à la Maison de la presse, au cours de laquelle certains de ses poèmes seront lus par des actrices professionnelles et d'autres par lui-même. Est-ce une consécration ou un piège ? se demande-t-il en se rendant à la séance. Jusqu'à la fin de cette représentation poétique, il ne saura à quoi s'en tenir. Certes Maïakovski, en tant que « pape de la littérature d'avant-garde », se croit obligé de louer l'auteur pour « la hardiesse, socialiste et artistique tout ensemble », de son talent, mais quelques auditeurs n'hésitent pas à prétendre qu'il s'agit là d'un salmigondis littéraire et qu'ils attendent encore la venue parmi eux d'un

« nouveau Pouchkine ». Pasternak estime qu'il a remporté un demi-succès et s'en contente. Peu après, Maïakovski, toujours aussi entreprenant, présente son jeune confrère à Alexandre Blok, qui a réuni de nombreux admirateurs au Musée poly-technique de Moscou afin de leur lire un florilège de ses œuvres. Salué par Blok comme le « futur porteur de flambeau de la poésie russe », Boris ploie sous les éloges et se retire avec le sentiment qu'il a en lui un frère aîné, auquel le lie étroitement leur amour des sonorités de la langue russe. En apprenant, quelques mois plus tard, la mort subite de celui qu'il était prêt à véné-rer comme un guide infaillible, il éprouve un deuil aussi profond que si cet homme avait été plus proche de lui que n'importe quel membre de sa famille.

Mais qu'est l'annonce de la mort natu-relle de Blok, dans son lit, à quarante et un ans, auprès de celle, diffusée au mois d'août suivant, de l'exécution par la police politi-que du poète Goumilev, accusé d'avoir participé à on ne sait quel complot contre-révolutionnaire. Cette fois, Pasternak

mesure avec horreur le « crime » que représente la pensée libre aux yeux des autorités. Désormais, au nom de la sécurité de
l'Etat et de la pureté idéologique des citoyens, la police est autorisée à fouiller
dans les tiroirs, à fourrer son nez dans
toutes les correspondances et à emprison-
ner qui bon lui semble sous n'importe quel
prétexte. Nul n'est à l'abri de ces
maniaques, ivres de leur toute-puissance.
Ils ont droit de vie et de mort sur le savetier
du coin comme sur les plus grands écrivains de Russie. Afin d'éviter tout faux
pas, le régime prétend qu'il est possible, et
même méritoire, de faire de la poésie à
partir de la grande idée socialiste. Il suffit
pour cela de s'abandonner aux conseils de
l'administration et de choisir sa muse, non
plus dans les coulisses des théâtres, mais
dans les bureaux du K.G.B. où, sous chaque uniforme, bat un cœur dévoué à la
cause du prolétariat. Sans trop croire à
cette coopération idyllique entre poètes et
policiers, Pasternak se laisse convaincre par
Brik et Maïakovski de créer ensemble une
maison d'éditions et une revue correctes

politiquement et esthétiquement : la M.A.F. (Association moscovite des futuristes). Faisant contre mauvaise fortune bon cœur, Pasternak assiste même, le 23 décembre 1921, à l'ouverture du IVe congrès des Soviets, au cours duquel l'infaillible Lénine, président du Conseil des commissaires du peuple, a promis de présenter un rapport sur l'électrification du pays et le développement intellectuel de ses habitants. C'est avec stupeur que Pasternak, flanqué de Maïakovski, enregistre ce plaidoyer pour mener de front l'équipement industriel d'un pays et l'unification de la pensée communiste, qui seule désormais bénéficiera du droit d'expression. Cet esclavage de l'esprit, dont tous les auditeurs semblent accepter la nécessité, hérisse Pasternak comme le ferait une violation de domicile. Tout à coup, il ne se sent plus chez lui dans cette Russie bâillonnée et, en même temps, il ne sait où aller pour faire entendre sa voix. Bousculé par l'éloquence torrentueuse de Lénine, il attendra d'être rentré chez lui pour porter un jugement sur l'homme qui incarne maintenant, à ses yeux, toutes les menaces de la dictature avec toutes les séductions de l'intelligence.

Les intentions du pouvoir communiste envers les intellectuels ne tardent pas à se préciser brutalement. Animé par la thèse marxiste selon laquelle la culture doit être exclusivement prolétarienne, le gouvernement crée d'abord un ensemble, le « Proletkult », composé de cellules idéologiques disséminées dans tout le pays et destinées à éduquer les masses « dans le bon sens » ! Ces différents groupes littéraires se réunissent bientôt en une « Association des écrivains prolétariens » ou R.A.P.P., qui est chargée de diriger les créateurs sur le chemin de la vérité historique et politique. Dès le début elle se heurte à Maïakovski et à Pasternak dont la revue, *LEF*, est jugée anachronique et bourgeoise. Etant soutenue par l'Etat, la R.A.P.P. ne peut qu'écraser toutes les tentatives rivales. Une fois de plus, Pasternak sent que la branche sur laquelle il s'est juché ploie et menace de se rompre. Cependant, il veut faire savoir au monde entier le mélange d'espoir et d'anxiété qui l'habite. « Je me sens frappé au visage par le vent de l'histoire, dira-t-il à un journaliste, ce vent voudrait respirer la révolution, que je veux respirer moi aussi, et, tout naturellement, le désir m'est venu de la respirer en même temps qu'elle se déroulait [...] mais pour que la dictature du prolétariat puisse se refléter dans la culture, il ne lui suffit pas d'exister. Il faut encore qu'elle exerce une domination réelle, plastique, qui parlerait en moi, à mon insu [1]. » Et il se demande si tel est bien le cas à l'heure actuelle.

> Réveille-toi, poète, et glisse
> Au garde ton laissez-passer :
> Ce n'est pas un lieu où l'on puisse
> Se permettre de rêvasser !

Ce poème, d'une longueur inaccoutumée chez l'auteur, s'achève par une évocation de Lénine haranguant la foule et martelant sa vérité sur toute chose, même s'il n'a en vue que le développement de l'électricité ou le meilleur usage du pétrole :

---

1. Cité par Michel Aucouturier : *Pasternak par lui-même.*

Mais, dans la courbe de son corps,
Sous le fardeau des fariboles
L'essentiel prenait son essor [...]
L'histoire à travers lui hurlait.
Avec elle, il était à l'aise [1].

Ayant accompli son pensum politique, Pasternak a l'impression de s'être mis à l'abri des menaces qui, quelques jours auparavant, ont conduit l'infortuné Goumilev devant le peloton d'exécution. Profitant des bonnes dispositions apparentes des autorités à son égard, il prend plaisir à nouer des relations d'estime réciproque avec la poétesse Akhmatova, publie quelques articles dans *Le Contemporain*, vend des livres dans une librairie coopérative de l'Arbat afin d'arrondir ses fins de mois, et, vivant de peu, se laisse guider, au jour le jour, par le plaisir de découvrir, au gré de ses lectures, une nouvelle raison d'admirer les poètes de son pays derrière les gardes-chiourme qui les entourent.

---

1. Traduction de Michel Aucouturier.

C'est ainsi qu'ayant reçu un recueil de Marina Tsvetaeva, dont les poésies, toutes de pureté et de sincérité, le subjuguent, il lui écrit une lettre de folle admiration, à Berlin, où elle s'est réfugiée, l'année précédente, pour fuir les difficultés matérielles et morales qui écrasent la Russie. Encouragé par l'exemple de cette « désertion » réussie, Pasternak se demande, de plus en plus sérieusement, s'il ne devrait pas, lui aussi, s'expatrier. Mais, dès le mois de juin 1922, son recueil, *Ma sœur la vie*, paraît à Moscou dans une rédaction nouvelle. Dès sa publication, cette suite de poèmes plus ou moins biographiques, aux accents à la fois sobres et audacieux, enthousiasme les connaisseurs. Qu'il s'agisse de Valeri Brioussov, de Nicolas Asseïev, d'Ilya Ehrenbourg, d'Ossip Mandelstam ou de la lointaine mais toujours attentive Marina Tsvetaeva, tous les esprits éclairés sont d'accord pour prédire à l'auteur un avenir de rêve dans une Russie renouvelée de fond en comble par le double effet du futurisme et de la révolution. D'ailleurs, Boris a dédié son livre à la mémoire de

Lermontov, car « il a toujours été pour moi, écrira-t-il plus tard, la personnification de l'audace créatrice [...] et l'affirmation de la liberté quotidienne ». Entre-temps, un autre leader révolutionnaire dispute à Lénine la faveur des foules. C'est Trotski (de son vrai nom Léonid Bronstein). Longtemps réfugié à l'étranger où il mène une propagande active, il finit par rejoindre Lénine à Petrograd et y prend d'emblée, avec autorité et succès, la tête de l'Armée rouge. Mais il sait aussi bien soigner sa popularité parmi les civils que parmi les soldats. Très vite son influence déborde du domaine militaire au domaine civil. Après avoir triomphé de la résistance de l'Armée blanche, il poursuit implacablement son œuvre d'épuration parmi les faux révolutionnaires et les vrais bourgeois qu'on emprisonne, qu'on déporte ou qu'on fusille à tour de bras. Mais Boris Pasternak se tient sur ses gardes. Il sait que, depuis peu, la Guépéou a remplace la Tchéka, et que, sous cette nouvelle appellation, la traque des intellectuels a été codifiée et renforcée. Désormais, la culpabilité de chacun commence dans la corbeille à papiers. Toute convocation des autorités est un mauvais signe. Or, il se trouve que Trotski voudrait voir Pasternak et que ce dernier a quelques faveurs personnelles à lui demander. En se dirigeant vers ce rendez-vous fatidique, Pasternak a le cœur en chute libre. Pourtant, dès l'abord, en le recevant, Trotski se montre aimable avec le visiteur. Simplement, il voudrait savoir ce qui pousse cet écrivain en renom à vouloir faire un tour à l'étranger. Interrogé sur sa loyauté envers le régime, Pasternak répond avec une spontanéité qui incite son interlocuteur à le croire uniquement désireux de plaider, au-delà des frontières, les vertus du socialisme soviétique. Boris avoue même, en rougissant, qu'il est amoureux d'une jeune fille remarquable, Eugénie Lourié (diminutif Génia), étudiante aux ateliers d'Art de Moscou, qu'il a décidé de l'épouser et qu'il espère obtenir un visa pour effectuer leur voyage de noces en Allemagne, où ils comptent quelques parents et amis. Bon prince, Trotski accorde le visa.

Le mariage est célébré à Moscou, en pleine euphorie, en pleine canicule, et les deux tourtereaux s'échappent vers un nouveau monde, à la fois germanique et matrimonial. Ils croient être dépaysés dans ce Berlin capitaliste où l'on peut tout acheter, penser à tout et tout dire sans être accusé de trahison. Guidés par les parents de Boris, ils découvrent sur place tant de compatriotes satisfaits de leur sort d'émigrés, tant d'éditeurs, de libraires et de journalistes russes, qu'ils se demandent si la vraie Russie n'est pas ici, alors qu'on la croit encore là-bas, sous l'œil glacé de Lénine, de Trostki et des agents de la Guépéou. Dans ce milieu d'exilés, à la fois noltalgiques et revendicateurs, l'admiration de Boris Pasternak pour les derniers poèmes de Marina Tsvetaeva est telle qu'ils échangent des lettres interminables pour évoquer leur passion commune de l'art. Eugénie Lourié, qui est aussi jalouse que belle, et aussi possessive qu'avisée, prend ombrage de cette amité. Si l'auteur préféré de Boris était du sexe masculin, elle applaudirait son choix, mais puisqu'il s'agit d'une femme elle voit en elle une rivale, déguisée en écrivain pour les besoins de la cause, et elle s'en irrite. Comme Boris Pasternak et Marina Tsvetaeva continuent à se congratuler de missive en missive, elle craint même que cette correspondance pléthorique ne détourne son mari de son vrai travail. Egratigné par les critiques de *Thèmes et Variations* dont les esprits d'avant-garde célébraient maladroitement l'hermétisme, Pasternak s'essaie maintenant à la prose. Mais surtout il attend avec impatience les honoraires que les Editions d'Etat lui ont promis pour *Ma sœur la vie* et s'attelle à la traduction en russe de poèmes allemands révolutionnaires; elles sont chichement payées, mais il y en a plus d'une vingtaine. Cela permettra du moins d'assurer des repas «tout préparés» à la cantine allemande. Cependant ces besognes l'empêchent, pense-t-il, de donner dès à présent sa mesure de poète. Revenu pour quelques jours à Moscou, il écrit le 11 mai 1924 à sa femme : «Ma petite Génia, si je pouvais me lancer vraiment dans quelque chose d'archifantastique, écrire jusqu'à trois heures et que, demain, ce début – d'un nouveau texte – me contemple du haut de tous les arbres, par les yeux de toutes les maisons, par la chaleur du square chauffé à blanc! Mais ce n'est pas le cas! »

Or, le retour à Moscou ne l'inspire pas davantage que le vagabondage à travers l'Allemagne. Il a cependant l'immense joie d'y assister à la naissance de son premier fils, Eugène [1]. Subitement, les seuls mots « femme » et « enfant » prennent pour lui une signification miraculeuse. Jusqu'à ce jour, il les prononçait normalement en russe, comme n'importe quel autre terme du vocabulaire courant. Et soudain, tout s'éclaire. « Une *vraie* femme et un *vrai* enfant. Les miens! écrit-il à Génia. Ce sont justement ceux-là. C'est-à-dire que, dans ma langue – après l'avoir bredouillée ou parlée toute ma vie, [...], ces deux mots, "femme" et "fils", ne pouvaient rien désigner de meilleur ni de plus plein de sens. »

---

1. Né le 23 septembre 1923.

Sa nouvelle responsabilité de père de famille l'incite à ne plus se contenter de mornes besognes de traduction pour subsister, et dès la fin de l'année 1924, il accepte un travail régulier de documentaliste dans la bibliothèque du Commissariat des affaires étrangères. On y recherche des documents « éclairants » sur les idées de Lénine, dans la vaste entreprise de régénération économique et sociale qu'il a inaugurée durant son séjour à l'étranger. La consigne est de trouver un trait de génie à toute initiative du grand homme, depuis son plus jeune âge.

Etant payé pour manier l'encensoir, Boris ne proteste pas contre ce panégyrique sur commande. Mais quand il est seul, dans sa chambre, devant une page vierge, il cède au besoin d'écrire pour lui-même et sans penser au jugement que les autres porteront sur son témoignage. Profitant de la célébration prévue, en 1925, du vingtième anniversaire de la première émeute contre le régime tsariste, il rédige d'une traite son récit en vers, *Dix-neuf cent cinq*, qui est l'écho de ses émois d'adolescent au souvenir du premier séisme politique qui a ébranlé le pays. Dans cette suite de poèmes, qu'il s'agisse de peindre la misère des ouvriers d'usine, le courage des étudiants de gauche, dont le chef Bauman a été assassiné par ses adversaires d'extrême droite, les « Cent Noirs », il se plaît à évoquer aussi bien le dénuement glacé de Moscou, la veille des échauffourées, que les violents combats de rues à Saint-Pétersbourg. Dans chaque tableau, c'est le même enthousiasme et la même consternation qui l'inspirent :

> On court sur les trottoirs,
> Crépuscule,
> Le jour est à terre,
> Au tonnerre de feu
> En écho
> Tonnent les barricades.
> Je n'ai que quatorze ans [1].

Il admire au passage la mutinerie des marins et dédie un hymne à *L'Enseigne de vaisseau Schmidt*, qui a été exécuté pour

---

1. Traduction de Hélène Henry.

avoir pris la tête du soulèvement de la flotte à Sébastopol. Ces textes, d'une coloration révolutionnaire irréprochable, sont publiés par fragments dans différentes revues et valent à leur auteur une approbation quasi fraternelle des autorités. Mais si l'on estime, en haut lieu, qu'il a bien compris l'élan unanime des premiers bolcheviks, on se demande encore ce qu'il pense du résultat de la politique de collectivisation et de nivellement qui a suivi. « Dédouané » en principe, il est, en fait, sous surveillance accrue. Comme la plupart de ses confrères, il en est réduit à chercher ailleurs que dans les bureaux de l'administration ou dans les journaux inféodés au régime le sentiment du public à ses jeux de plume. C'est ainsi qu'il apprend avec une joie inouïe, en lisant une lettre de son père, que celui-ci a rencontré Rainer Maria Rilke et que le grand poète allemand considère que Pasternak représente, avec Marina Tsvetaeva, l'avenir de la poésie russe. Mais le 31 décembre 1926, alors qu'il se prépare à écrire un hommage à Rilke, les journaux lui apprennent la mort de son admirateur inconditionnel et cette nouvelle lui ôte tout désir de se battre plus longtemps avec des mots. La tête vide, les bras croisés, il n'attend plus rien de la vie. Certains de ses poèmes ou de ses récits paraissent encore, çà et là, dans des revues confidentielles. Son conte en vers *Spektorski* passe à peu près inaperçu, malgré la présentation flatteuse qu'en fait dans ses derniers numéros, la revue *La Nouveauté rouge*. Le public n'adhère ni de cœur ni d'esprit à ce héros inconsistant, qui ne sait au juste qui il est, où il va, et qui patauge maladroitement dans le fleuve de l'histoire. Or, telle est précisément, à cette époque, la pensée profonde de l'auteur. Tout en étant passionnément amoureux de sa femme et fier qu'elle lui ait donné un fils, il se demande s'il est capable d'être autre chose qu'un vulgaire étalon. Du reste il ne souffre pas outre mesure d'être privé d'elle provisoirement. Alors même qu'il lui écrit de Moscou : « Quel bonheur que tu sois à moi ! Quelle horreur si tu étais à quelqu'un d'autre ! J'en serais fou de douleur et j'en serais mort ! » il ne cesse de se reprocher son inaction intellectuelle. Il lui semble qu'autour de lui le monde entier est en marche et que lui seul piétine. Il songe subitement que tout le mal vient de l'étiquette « futuriste » qu'on lui a collée sur le dos, alors qu'il est un « vériste ». Il tente de s'en expliquer dans une lettre adressée à Maïakovski et, pour être conséquent avec ses principes, il donne sa démission du LEF. En quittant le « Front artistique de gauche » il n'a en vue aucune autre alliance. Sa seule ambition est d'être « lui-même ». Mais est-ce encore possible dans ce pays de fous où chacun paraît coupable de n'importe quoi ? La R.A.P.P., « Association russe des écrivains prolétariens », entend faire respecter les consignes politiques et sociales de l'U.R.S.S. Ainsi, dès la fin du mois de septembre 1925, lance-t-elle une campagne de dénigrement meurtrière contre les écrivains Boris Pilniak et Eugène Zamiatine qui ont osé publier leurs œuvres à l'étranger sans avoir sollicité préalablement l'autorisation du Parti. Du coup, l'Union des écrivains, qui prétendait jusqu'ici à une totale indépendance professionnelle, se voit coiffée d'un « comité de contrôle » non plus artistique mais politique. Pasternak est saisi aussitôt d'un pressentiment funeste. Il ne se trompe pas : vers le mois d'avril, il apprend qu'un de ses amis, membre du LEF, le journaliste Vladimir Sillov, a été mis à mort par la Guépéou sans qu'on ait jugé utile de préciser le motif de cette exécution. Aussitôt après, le 14 avril 1930, éclate la nouvelle du suicide de Maïakovski. Quelle est la raison de ce geste désespéré ? Une démarche politique imprudente ? Une déception littéraire ? Un chagrin d'amour ? Ou simplement la lassitude de végéter dans un pays où la vie comme l'art sont devenus aussi vains l'un que l'autre ? D'ailleurs, plus les écrivains se ratatinent dans leurs tanières, plus les fonctionnaires plastronnent dans leurs bureaux. Tandis que Pasternak, Génia et leur fils s'accordent un bref repos à la campagne, près de Kiev, on commence à « liquider » un peu partout les possesseurs de quelques lopins de terre afin d'extirper de leur cerveau le concept diabolique de propriété. Traités de *koulaks* (mot qui en russe signifie « poings »), ces accapareurs sont déportés par trains entiers et on remplace les exploitations réquisitionnées par des organismes coopératifs, les *kolkhozes*. Les koulaks ne font même pas mine de contester la réquisition de leurs biens au profit de la collectivité. Ils savent trop qu'en U.R.S.S. protester, c'est aggraver son cas. Pour corser le tout, au mois de décembre de la même année, s'ouvre à Moscou le procès de tous ceux qui, par leur action, leur propagande ou leur mauvaise volonté, sabotent le progrès soviétique en s'appuyant sur des capitaux étrangers. Ainsi l'amalgame se fait juridiquement entre ces faux révolutionnaires et les vrais agents du capitalisme occidental. On ne peut plus critiquer, fût-ce légèrement, le communisme sans trahir en même temps sa patrie. Les peines encourues en cas d'égarement sont si lourdes que mieux vaut se tenir le plus loin possible des tribunaux. Pasternak a d'ailleurs adopté cette attitude, à la fois déférente et prudente, en répondant, dès 1925, à la résolution du Comité central du Parti communiste sur la

littérature : « Il serait totalement injustifié
de perdre de vue ce fait fondamental qui
est la conquête du pouvoir par la classe
ouvrière et l'existence de la dictature du
prolétariat dans notre pays. Tout laisse
donc supposer qu'un style correspondant à
notre époque sera créé [...]. J'ajouterai
toutefois quelques mots [...]. Ces derniers
temps, en dépit de tout, je me suis mis à
travailler et j'ai senti revivre en moi des
convictions qui semblaient depuis longtemps enterrées. Je pense que le travail est
plus intelligent et plus noble que l'homme,
et que l'artiste ne peut attendre du bien
que de sa seule imagination. » En d'autres
termes, Pasternak, tout en reconnaissant
l'évolution de l'art vers une sorte de popu-
lisme réaliste, se refuse à nier la royale
indépendance du créateur, qu'aucune
consigne politique ne saurait contraindre à
changer d'idée ni de style. Dans toute
dictature, il existe plusieurs degrés d'obéis-
sance aux ordres du pouvoir. Cela va de
l'acceptation passive à l'adhésion déclarée
et à la propagande par la parole et par
l'écrit. En adoptant une conduite intermé-

diaire entre la première et la seconde attitude, Pasternak s'imagine qu'il va désarmer
la méfiance des autorités à l'égard de sa
littérature trop excentrique dans la forme
et pas assez conventionnelle dans le fond.
Une légère amélioration s'est manifestée
dans l'existence quotidienne des villes et
des villages, où l'on ne redoute plus les
famines endémiques. L'Union des écrivains a même fait bâtir un immeuble
réservé aux membres de la profession.
Immédiatement, Pasternak sollicite un
appartement dans cette maison bénie des
dieux, car, comme il l'écrit dans sa
demande officielle : « Ici, je suis assailli de
toutes parts par le bruit des voisins, je ne
parviens à me concentrer que par
moments, sous l'effet d'un désespoir
extrême et sublimé, pareil à une perte de
conscience. » Hélas ! malgré de nombreuses
démarches, il n'obtiendra pas la faveur
d'une domiciliation régulière dans la Maison des écrivains. Bien que ses relations
avec sa femme Génia se soient considéra-
blement refroidies, il lui reproche, à part
soi, de ne pas le secourir davantage dans

ses déboires et son adversité. Il lui semble en outre qu'elle n'a pas su l'aider quand il a essayé de trouver un logement à la Maison des écrivains.

Pour se consoler de cet échec, il décide de partir en famille pour une maison de campagne qu'il a louée près de Kiev, en même temps qu'un de ses amis, le pianiste Heinrich Neuhaus, et la femme de celui-ci, Zina. Or, ce séjour, dont il n'espérait que des plaisirs très ordinaires, prend soudain, pour lui, la valeur d'une révélation. Il y a là aussi les enfants du couple Neuhaus. Et tout ce monde, jeunes et moins jeunes, entretient dans la villa un climat de gaieté, de surprises quotidiennes, de musique, et de jeux, qui tourne la tête de Boris. De jour en jour, tout en gardant une tendresse « légitime » envers sa femme, il s'ennuie auprès d'elle et a l'impression de perdre son temps en essayant de l'intéresser à des problèmes autres que matériels. Par moments, elle lui est aussi étrangère que s'ils n'avaient pas vécu plus de huit ans sous le même toit. Elle s'éloigne de lui chaque jour davantage et se rapproche de leur fils

Eugène, sept ans, qu'elle adore. Est-ce pour complaire à son mari ou à son enfant qu'elle a accepté l'immersion dans la famille Neuhaus ? Le centre de cette réunion amicale est incontestablement l'épouse du pianiste Heinrich Neuhaus, la très belle Zina. Une brune radieuse au visage parfaitement modelé et aux immenses yeux d'un marron ardent. « Je n'oublierai jamais, écrira le peintre Robert Falk, tant Zina était belle alors, ce port de tête et ce profil. » Et Pasternak évoquera aussi, dans la préface de son livre *Sauf-conduit*, cette apparition quasi surnaturelle. « Elle rappelait vivement un portrait de femme par Ghirlandaio. On aurait aimé se baigner dans son visage. [...] C'est le monde entier qui ne peut se passer d'elle, car elle est à elle seule toutes les féminités. » Ce qui émerveille Pasternak, c'est que Zina séduit en refusant de séduire. Quand il jette des regards autour de lui, il trouve sa propre épouse de plus en plus banale et décevante. Subitement, il a le sentiment de s'être fourvoyé en épousant Eugénie et il craint de subir les conséquences de ce choix jusqu'à la fin de ses jours.

Est-il encore temps de réparer cette erreur de jeunesse ? Pour mettre ses idées d'aplomb, il accepte de faire partie d'une équipe d'écrivains chargés, par le *Monde nouveau* et les *Izvestia*, de célébrer dans la presse le miracle accompli dans les mines d'Oural grâce au plan quinquennal qui va, dit-on, transformer de fond en comble l'économie mondiale.

Au retour de ce reportage passionnant et épuisant, Pasternak, accompagné de son épouse, retrouve Zina Neuhaus à Tiflis, en Géorgie, où le poète Titsian Tabidzé et sa femme leur ont offert l'hospitalité. Cette seconde rencontre avec Zina est décisive. Entre-temps, Eugénie a eu une explication orageuse avec son mari ; elle n'accepte pas son nouvel engouement pour Zina. Il a beau lui jurer que celle-ci n'est pour lui qu'une aimable camarade, elle a depuis longtemps deviné son véritable sentiment. Elle part pour l'Allemagne avec leur fils chez les parents de Boris Pasternak, qui sont prêts à l'accueillir et à la plaindre, sans trop espérer une réconciliation entre les époux. D'ailleurs, tout en se réjouissant de cette rupture imminente, Pasternak se sent gravement coupable de l'avoir provoquée. «Peu après, écrit-il dans *Hommes et Positions*, il y eut dans deux familles, la mienne et une famille amie [la famille Neuhaus], des bouleversements, des complications et des changements pénibles moralement pour les intéressés. Pendant quelque temps, ma compagne [Zina], devenue par la suite ma seconde femme, et moi-même n'avons pas eu où poser la tête. Tachvili nous proposa un gîte, chez lui, à Tiflis. » Bien qu'il eût toujours affirmé avec force son dédain pour le confort matériel et les situations régulièrement homologuées, dès son retour de Géorgie, Pasternak ne tergiverse plus, rompt définitivement avec Eugénie, se remarie avec Zina Neuhaus qui a divorcé dans l'intervalle, et annonce l'événement à sa confidente habituelle, Olga Freidenberg : «Je suis parfaitement heureux avec Zina. Sans même parler de moi, je crois que, pour elle aussi, le fait de m'avoir rencontré n'a rien de fortuit. » Cette «entrée dans le rang» l'incite à s'installer, avec sa jeune femme, dans

l'appartement fort délabré de la rue Volkhonka. Mais, dès la dissolution de toutes
les associations d'écrivains plus ou moins
légales et la création de l'« Union des écrivains soviétiques » qui les englobe toutes, il
sollicite à nouveau l'attribution d'un logement décent dans un immeuble dépendant
de cet organisme, à Moscou, boulevard
Tver. Et, par extraordinaire, sa demande
est agréée. Aussitôt, pour célébrer le miracle de sa rencontre avec Zina, il lui dédie
un ensemble de poèmes enflammés dont le
titre seul pourrait passer pour une profession de foi : *Seconde Naissance.* Or, dès la
première strophe, Pasternak avertit le
lecteur que cette suite poétique répond à
des inspirations à la fois diverses et com-
plémentaires.

> Tout sera là, ma propre histoire
> Et ce qui vit encore en moi,
> Tous mes élans et mes amarres,
> Ce que j'ai vu, ce que je vois [1].

---

1. Traduction Michel Aucouturier, Jean Dorin, André
Marcowicks et Sattio Tchimichkian.

Ainsi, bizarrement, la célébration de la femme idéale rejoint la description des paysages où elle lui est apparue pour la première fois, ceux des montagnes neigeuses du Caucase ou ceux des bords de la mer Noire. Dans l'euphorie de cette double révélation, il n'hésite pas à confondre les élans du cœur, les beautés de la nature, et le dur travail de ceux qui triment à mettre en valeur les richesses naturelles du pays. Il admire les tâcherons aux mains calleuses qui ne ménagent pas leurs forces et ceux qui les surveillent « paternellement ». Pour conclure cet hymne à la vie, fût-elle laborieuse, obscure et injuste, le poète s'écrie : « Et du plan quinquennal, voici qu'arrive la quatrième année ! »

Cette proclamation quasi biblique d'une « résurrection de l'U.R.S.S. » grâce à l'application passionnée du plan quinquennal se traduit peu après par la publication du volume de *Seconde Naissance*, et par l'édition, l'année suivante, de toutes les poésies antérieures de Pasternak. Mais cette embellie est vite assombrie pour lui par l'arrestation du poète Mandelstam, coupable, selon la Guépéou, d'avoir écrit des vers satiriques sur Staline, qui circulaient de main en main. Dénonciation, perquisition, saisie de tous les papiers compromettants. A la mi-mai 1934, Ossip Mandelstam est emmené dans les sinistres locaux de la Loubianka, où les inquisiteurs de service le soumettent à un questionnaire serré. N'a-t-il pas osé dire dans un de ses poèmes ? : « Nous vivons même sans sentir le pays sous nos pieds », et « A dix pas de nous notre voix est étouffée » ?

Mandelstam reconnaît être l'auteur de cette « insulte » à la liberté et, par conséquent, au génial Staline, le grand inspirateur de la révolution triomphante. A l'issue de son interrogatoire, il est jeté en prison pour diffusion d'œuvres subversives. Obéissant à un réflexe d'indignation et après avoir consulté l'épouse du poète, Pasternak tente une démarche auprès de Boukharine, le grand théoricien communiste, dirigeant du Komintern et rédacteur en chef de la *Pravda*. Puis, n'obtenant aucune réponse satisfaisante à ses réclamations « au nom de l'art », il prend sur lui de téléphoner personnellement à Staline. Les versions de cette conversation téléphonique étrange diffèrent selon les témoins. Mais l'épouse de Mandelstam est formelle. Après s'être étonné que Pasternak se mêle d'une affaire aussi banale, Staline lui demande carrément :

— Ce Mandelstam, pour vous, c'est un maître ?

— Le problème n'est pas là, balbutie Pasternak.

— Quel problème ?

— Le problème de la culpabilité des intellectuels. J'aimerais vous rencontrer, camarade Staline, pour discuter !

— De quoi ?

— De la vie et de la mort !

Dans l'esprit de Pasternak, il s'agit surtout de la « peine de mort », mais Staline qui a d'autres idées en tête, raccroche soudain l'appareil et refuse de répondre à tout nouveau questionnaire de cet « énergumène de la littérature bourgeoise ». Peu après, Mandelstam est expédié, pour trois

ans, dans la solitude glaciale de Voronej. Il
s'y suicidera après un passage exténuant
dans le goulag de l'endroit.

A la fin de l'année 1934, l'affaire Mandelstam est depuis longtemps oubliée et
Boris Pasternak, conscient d'avoir rempli
jusqu'au bout son devoir d'assistance à un
confrère malchanceux, accepte de participer, le 17 août, au premier congrès des
Ecrivains soviétiques. Applaudi par les uns,
contesté par les autres, il rallie toute
l'assemblée par le discours qui clôture les
débats. Sans esquiver la distinction inévi-
table entre les prolétaires authentiques et
leurs « compagnons de route », il présente
le congrès comme un premier pas vers une
fraternisation sincère entre les intellectuels
trop fiers de leur science et le peuple trop
méfiant à l'égard des esprits cultivés. « Ne
vous coupez pas des masses, préconise-t-il
dans sa péroraison ; [...]. Etant donné
l'immense chaleur dont vous entourent le
peuple et l'Etat, le danger est trop grand
que nous nous transformions en dignitaires
de la littérature. Tenons-nous loin de cette

vanité, au nom de ce qui en est la source même, au nom d'un amour profond, actif et fécond pour notre patrie et pour ses grands hommes d'aujourd'hui. »

Ce discours conciliant déchaîne un tonnerre d'applaudissements. Pasternak est élu par acclamation à la direction de l'Union des écrivains soviétiques. Pourtant, cette consécration officielle, dont tout le monde, à commencer par sa femme Zina, le félicite comme d'un accès aux honneurs de la postérité, lui laisse dans le cœur une sensation de malaise. Il lui semble avoir trahi quelqu'un par excès d'éloquence ou de connivence. En vérité, il redoute que cette position éminente ne l'entraîne à assumer d'innombrables servitudes protocolaires, alors qu'il n'est heureux que dans la pénombre et le silence. Le 30 octobre 1934, quelques semaines après son triomphe, il écrit à Olga Freidenberg, qui, mieux que quiconque, peut le comprendre : « Je voudrais tout oublier et filer quelque part pour un an ou deux. J'ai terriblement envie de travailler, d'écrire enfin, pour la première fois, quelque chose qui en vaille la peine, quelque chose d'humain, en prose, de façon grise, ennuyeuse, modeste, quelque chose de grand et de nourrissant. Et il n'y a pas moyen. C'est une espèce de dévergondage téléphonique, on vous réclame partout, comme si j'étais une courtisane au service de la société. Je lutte contre ça, je refuse tout. Ces refus me prennent tout mon temps et toutes mes forces. Que tout cela est donc honteux et triste ! »

Jamais il n'a été aussi sincère qu'en exprimant sa répugnance à paraître dans le monde, alors qu'il voudrait consacrer tous ses loisirs à l'expression de sa pensée et aux rêves qui le traversent parfois inopinément. Ne peut-on le laisser travailler dans l'ombre ? Même s'il est seul à trouver du plaisir à tourner en rond dans la musique de ses idées et de ses vers ?

IV

La seconde naissance

La suspicion gagnant de proche en proche les étages supérieurs de l'Etat, l'année 1935 s'ouvre par une série d'arrestations et de procès consécutifs à l'assassinat, le 1er décembre 1934, de Serge Kirov, chef du parti communiste de Leningrad, dont la popularité menaçait déjà celle de Staline. Peu à peu, ce dernier, d'abord membre du triumvirat, la « troïka », qui dirige l'URSS avec Zinoviev et Kamenev, parvient à éliminer ses deux concurrents, en les faisant juger et exécuter pour crime d'appartenance au « Centre terroriste trotskiste-zinoviéviste ». Désormais, il détient à lui seul tout le pouvoir : président du Conseil des commissaires du peuple, il règne aussi bien sur l'armée que sur la police secrète, laquelle a encore changé de nom et s'appelle maintenant N.K.V.D. Or, dans sa hâte à prouver sa nécessité, le N.K.V.D. multiplie les perquisitions, les interrogatoires « musclés » et les séquestrations abusives. Tout écrit, toute lettre étant surveillés, les intellectuels pèsent chaque mot avant de le coucher sur le papier. Un qualificatif maladroit ou une virgule mal placée peuvent envoyer leur auteur dans un goulag. Selon Staline, les écrivains ont pour première fonction d'éclairer l'univers sur les vertus de leur patrie. Il a même déclaré publiquement, face aux représentants de la profession, que les auteurs communistes étaient « les ingénieurs des âmes humaines » et que « la fabrication des âmes était plus importante que celle des chars ». Encore ébloui par cette reconnaissance du rôle suprême de l'homme de lettres dans la société, Pasternak apprend, au mois de novembre suivant, le suicide de la jeune épouse du « petit père des peuples » et décide d'envoyer à Staline deux lignes de condoléances. Le résultat immédiat est que Staline l'invite à se rendre en service commandé à Paris où se tiendra, les 21 et 25 juin 1935, un « congrès international des Ecrivains pour la défense de la culture ». L'horreur de Pasternak pour les manifestations officielles et l'état de fatigue et d'énervement où il se trouve après de nombreuses nuits d'insomnie l'inciteraient à décliner l'offre. Mais on lui fait comprendre, en haut lieu, qu'une dérobade de sa part serait considérée comme un désaveu de la politique progressiste de son pays. On lui explique par ailleurs que le caractère « exceptionnel » d'une telle représentation exclut la présence d'une épouse à ses côtés. Zina restera donc à Saint-Pétersbourg et se contentera comme tout le monde, et comme l'infortunée Eugénie, de suivre dans la presse les étapes de leur héros dans la jungle étrangère. Pasternak s'incline, la mort dans l'âme, et prend le train avec l'impression d'être le faux ambassadeur d'une cause à laquelle il ne croit plus. Pourtant, à Berlin, il peut embrasser sa sœur Joséphine, mais le cœur lui manque à l'idée d'aller voir ses parents. L'émotion, pense-t-il, serait trop forte pour eux comme pour lui. Il lui reste à affronter l'épreuve principale : celle du passage à la tribune du palais de la Mutualité, à Paris. Avant de se présenter devant le public français et les quelques écrivains russes émigrés qui ont quitté leur pays pour la France, il se renseigne, à droite et à gauche, sur les sentiments des uns et des autres à l'égard de la Russie. De sa correspondance avec Marina Tsvetaeva, il a retenu qu'elle n'est pas aimée ni admirée comme elle le mériterait dans son pays d'accueil. Ses compatriotes exilés lui reprochent, dit-elle, d'avoir conservé de la sympathie, de l'estime et même une certaine nostalgie pour une Russie de plus en plus dogmatique et intolérante. Boris compte sur le souvenir de leur longue amitié épistolaire pour dissiper ce malentendu. Or, quand il la rencontre le soir du congrès, elle est entourée de tant d'écrivains français de premier plan qu'il se demande ce qu'il est venu faire dans cet aréopage glorieux. Au hasard des présentations, il salue Eluard, Aragon, Elsa Triolet, André Gide, Jean Guéhenno... d'autres encore. Tandis qu'il serre des mains et balbutie des réponses embarrassées aux éloges de certains, Marina Tsvetaeva le dévore des yeux. Il donnerait n'importe quoi pour qu'elle chasse tous ces importuns et s'isole avec lui pour bavarder, les yeux dans les yeux, l'âme dans l'âme, de leurs poésies réciproques. Mais déjà on l'attend sur la tribune. Parlant tantôt le russe, tantôt le français, qu'il pratique assez bien, il évoque sa propre théorie de l'art, lequel est un espace de liberté absolue et de superbe insouciance qui s'apparente, comme la voyance, à un don du ciel. Il reviendra plus tard sur cette définition, dans une lettre en français à Joséphine de Poyart : « Je ne suis ni moraliste, ni conciliateur, ni philanthrope, ni même peut-être un homme normal et humain [1]. » On l'applaudit vigoureusement, moins pour ce qu'il dit que pour sa voix chaude de baryton, son regard lumi-

---

1. Lettre du 17 janvier 1960.

neux et franc et sa dégaine de flibustier de la littérature.

« Cet homme, manifestement, ne vivait pas à la surface de lui-même, écrira encore Jacqueline de Poyart après sa première rencontre avec lui; il avait l'âme large, prête à recréer tout ce que la vie lui apporterait! » Ce sera également l'impression de Marina Tsvetaeva à l'issue du congrès. Mais, quand elle se retrouve enfin en tête à tête avec lui, elle est déçue de l'entendre avouer que, s'il a fait le voyage de Paris, c'est pour obéir aux ordres de Staline et que, malgré tout ce qu'on raconte à l'étranger, vivre en U.R.S.S. est un cauchemar auquel il est difficile, pour un intellectuel, de s'adapter. Comme elle lui parle de son inguérissable tristesse d'avoir fui la Russie et de son désir d'y retourner, il l'arrête en quelques mots : « N'y va pas, Marina. A Moscou, il fait froid. C'est plein de courants d'air! » Elle ne peut en tirer aucun autre renseignement. Se méfierait-il d'elle, comme tous ses compatriotes se méfient de leurs voisins de palier? Déçue, elle écrira à son amie, Anna Teskova :

« Ma rencontre avec Pasternak a été une non-rencontre. » De son côté, il pourrait en dire autant : elle est venue le voir une dernière fois à l'hôtel, avec son mari Serge Efron et sa fille Ariadna de vingt-trois ans, qui se prétend révolutionnaire jusqu'à la moelle des os, et son fils Mour, dix ans, qui s'ennuie parmi les grandes personnes et juge qu'elles parlent pour ne rien dire alors que les journaux disent tout ce qu'il faut savoir.

Profondément déçu dans son amitié pour Marina Tsvetaeva, cette femme talentueuse et de caractère qui s'obstine à publier ses œuvres dans un pays qui n'est pas le sien, il renonce à la convaincre de suivre son exemple et finit par se dire qu'elle est, dans son genre, aussi têtue que lui. Le voyage de retour de Pasternak à bord d'un bateau, par l'Angleterre et la mer Baltique, achève d'user sa résistance nerveuse. Il débarque à Saint-Pétersbourg dans un état de faiblesse si avancé qu'il se croit sur le point de mourir. Alarmée par ses malaises à répétitions, Zina accourt pour lui prodiguer quelques soins. Passant d'une maison de repos à l'autre, il ne se plaît dans aucun de ces établissements spécialisés et écrit, le 6 octobre 1935, à son ami géorgien Tabidzé : « J'ai cru que les angoisses de la solitude allaient me rendre fou [...] mais je n'ai nullemant l'intention de me soigner, ou de partir où que ce soit en convalescence ou au repos... Je veux essayer de travailler. (Voici plus de quatre mois que je ne fais rien !) »

Ayant enfin regagné sa maison, avec sa chère Zina qui ne le quitte plus, il estime que ce retour aux habitudes et aux lieux de son bonheur est encore le meilleur des remèdes. Première constatation : sa main, en attendant son cerveau, a de nouveau envie d'écrire. Il en profite pour féliciter Staline d'avoir proclamé, à la demande, il est vrai, de Lili Brik, que Maïakovski était « le meilleur et le plus pur des poètes de l'ère soviétique ». Après quoi il écrit, coup sur coup, deux poèmes de circonstance dont l'un, *L'Artiste*, contient, dans sa première rédaction, des strophes qui seront supprimées par la suite, mais qui sont toutes à la gloire de celui dont, sans le nommer, Pasternak salue l'entreprise politique, « grande comme la terre »; il lui accorde même une prescience magistrale en toute chose et voit en lui « le génie de l'action ». Publié tel quel par la *Pravda*, le poème étonne les amis de Pasternak. Serait-il vendu au N.K.V.D.? Aurait-il des ambitions extralittéraires? Or, il n'en est rien. La véritable inquiétude ou la véritable ambition qui hante Pasternak, il s'en explique dans une lettre du 8 avril 1936 au couple de ses amis géorgiens Tabidzé : « Une période de ma vie littéraire et de ma propre vie vient de se clore. En ce qui me concerne, c'était même déjà fait : je n'arrivais à rien en prose, j'étais aliéné, je traduisais. Sais-je ce qu'il faut faire maintenant? Oui. Mais je ne le dirai à personne, sinon à vous peut-être, et encore sous le sceau du plus terrible secret! » Et, quelques mois plus tard, c'est l'aveu aux mêmes correspondants : « Ne croyez pas que je sois vraiment fini, que tout ce que je ferai sera désormais de la même veine. Vous le verrez, j'écrirai en prose. Voici deux jours que je m'y suis remis. Je ne sais qu'une

chose, c'est qu'elle sera vivante. Et que
c'est là que se retrouveront ces traces de
vie qui semblent avoir disparu de mon
œuvre depuis *Seconde Naissance*[1]. »

Chaque fois qu'il s'interroge sur ses
préférences dans le domaine de la conception et de l'exécution littéraires, Boris
Pasternak se retrouve devant le même
problème. Au moment où il écrit un
poème, il est tellement charmé par la musique des mots et la surprise des rimes que
tout autre moyen d'expression lui paraît
d'une navrante banalité. Puis, en relisant
son texte, il se persuade que sa pensée
aurait eu plus de force, plus d'authenticité,
dans une présentation prosaïque. Sans trop
le dire autour de lui, il compare la vérité
nue et parfaite de la prose au visage d'une
femme si belle qu'elle n'a besoin d'aucun
maquillage pour séduire. Dans son exigence de simplicité et de sincérité, les
joliesses du langage poétique le rebutent
parfois comme les excès d'artifice d'une

---

1. Lettre du 1er octobre 1936.

coquette. Afin de justifier sa soudaine prédilection pour la prose il écrira, des années plus tard, à Jacqueline de Poyart : « J'avais toujours eu la sensation, le goût de l'unité de tout ce qui est, de l'ensemble de ce qui vit et qui se meut, se passe et se présente, de l'être et de la vie entière. J'aimais l'aspect des mouvements de toute sorte, les phénomènes de force, d'action, j'aime à saisir ce monde agile de la turbulence universelle et à le rendre [...]. Voilà mon symbolisme, ma caractéristique de la réalité, mon pendant au déterminisme du roman classique. J'ai décrit les caractères, les situations, les détails, les particularités dans un seul but suprême, ébranler l'idée de la causalité de fer, de la nécessité absolue, représenter la réalité comme je l'ai toujours vue et vécue, comme un spectacle d'une inspiration incorporée et roulante [...], comme une variante parmi d'autres [1]. » En vérité, tout en se déclarant prêt à renoncer à la poésie dans son prochain roman, qu'il envisage déjà comme une

_____

1. Lettre du 20 mai 1959.

fresque historique inspirée par les évènements de sa propre existence, il ne s'interdit pas d'y adjoindre quelques poésies qu'il
attribuerait à son héros. Mais cette légère
concession aux plaisirs de la rime n'entame
en rien ses autres convictions. Le 28 janvier 1936, un éreintement de la *Pravda*
condamnant le « scandale » de l'opéra de
Chostakovitch, *La Lady Macbeth du district
de Mtsensk,* l'indigne d'autant plus qu'il est
suivi d'une série d'articles sur les nouvelles
tendances du cinéma, du théâtre et du
roman. Ces critiques, obéissant manifestement à un mot d'ordre d'en haut, dénon-
cent le « formalisme et le naturalisme gros-
sier » de certains « créateurs » qui ne
craignent pas de desservir leur patrie aux
yeux de leurs concitoyens et de l'étranger.

Au plénum de la direction de l'Union
des écrivains, à Minsk, Pasternak s'élève
violemment contre les consignes que le
pouvoir politique voudrait imposer à ses
confrères en littérature. Dans son discours
sur « La Modestie et l'Audace », il s'en
prend aux donneurs de leçons qui n'ont
aucune compétence pour diriger le choix

des véritables créateurs. « Un art sans risque et sans sacrifice intérieur est chose impensable ! s'écrie-t-il. La liberté et l'audace de l'imagination se conquièrent à pied d'œuvre [...]. Est-ce la tâche de la direction de l'Union des écrivains que de vous dire : "Soyez plus audacieux ?" C'est la tâche de chacun d'entre nous, c'est notre propre tâche [...]. Je ne me rappelle pas qu'il y ait eu, dans notre législation, des décrets interdisant d'être génial [...]. A mon avis, le génie est proche de l'homme ordinaire, mieux encore, il est le plus important et le plus rare de cette espèce, il en est l'expression éternelle. » Quelques jours plus tard, une nouvelle série de débats se rallume autour de certains articles de la *Pravda*, qui, une fois de plus, cherche à confondre « les formalistes littéraires » avec les ennemis de la culture prolétarienne. Les interventions indignées de Pasternak suscitent dans la presse une avalanche de critiques contre ceux qui, comme lui, se croient supérieurs aux autres parce qu'ils manient une plume au lieu d'une scie ou d'un rabot.

Cette tempête en eau trouble s'apaise le 12 juin 1936, lors de la publication, dans la presse soviétique, de la nouvelle constitution de l'U.R.S.S., rédigée par Boukharine selon les directives de Staline. Une note signée de Pasternak approuve, dans les *Izvestia*, ce « Savoir-vivre » de la Russie. Et, de fait, sur le papier, rien ne cloche dans les rapports entre ces millions d'individus, tous russes et par conséquent tous dociles et interchangeables. Mais qu'en sera-t-il dans la pratique? C'est la question que se pose secrètement Pasternak quand, par extraordinaire, il a la joie de rencontrer, tour à tour, André Malraux et André Gide. Il est quelque peu agacé par la foi candide de ce dernier dans l'avenir messianique de la Russie communiste. Fidèle à son souci d'impartialité, Pasternak se laisse aller à dire et le bien et le mal qu'il pense de son infortuné pays. Attentif, son interlocuteur note le moindre détail et décide de réviser son jugement dès qu'il aura repassé la frontière.

En effet, à peine revenu en France, André Gide publie les *Retouches* à son fameux

Retour d'U.R.S.S. Dès leur apparition en librairie, ces « rétractations » d'un ancien thuriféraire du régime de Moscou soulèvent la fureur de l'Union des écrivains, qui accuse Pasternak d'avoir trahi son camp et lui demande de s'associer à la protestation collective de ses confrères. Mais Pasternak ne peut nier aucun des propos qu'il a tenus devant André Gide et refuse de s'en prendre « à un livre qu'il n'a, dit-il, même pas eu l'occasion de lire ». La presse russe reste sourde à ses explications et lui reproche sa vile collusion avec un suspect du capitalisme français. La mort de Gorki, survenue le 18 juin 1936, détourne un moment l'attention du public du cas Pasternak. Mais les autorités et les journalistes continuent de solliciter son avis sur les cas de conscience les plus divers et ne manquent jamais de lui taper sur les doigts dès qu'il s'écarte de « la ligne ». Dans les hautes sphères du gouvernement, la purge continue. Après la condamnation à mort de Zinoviev et de Kamenev, Pasternak, effrayé par cet acharnement à tuer les « gêneurs », refuse d'apposer sa signature en bas d'une lettre collective exigeant que le maréchal Toukhatchevski et quelques autres soient fusillés pour crime de trahison. Or, malgré son opposition, il lit son nom en bas du sinistre manifeste. L'excuse de ses amis est que, s'ils n'avaient pas fait figurer sa signature en bonne place, la police lui aurait reproché son manque de civisme jusqu'à la fin de ses jours. Et, en vérité, chaque prise de position de Pasternak est inscrite dans les registres de la Loubianka, il est « noté » comme un élève en classe. Et l'addition est constamment tenue à jour. A chaque défaillance correspond un tour de vis dans la presse, à chaque preuve de bonne volonté un avantage en nature. Ainsi, pour le récompenser de son soutien à la nouvelle constitution de l'U.R.S.S., lui attribue-t-on un appartement confortable dans l'immeuble de l'Union des écrivains, 17 rue Lavrouchinski, à Moscou, et une datcha dans les environs de la ville, à Peredelkino, « le village des écrivains », un havre de paix où ils sont censés réfléchir au meilleur moyen de servir la nation. Au vrai, de telles cures ne sont pas inutiles à certains d'entre eux, car la vie, en Russie Soviétique, devient de plus en plus chaotique et indéchiffrable. Chaque jour apporte quelque secousse dans l'existence précaire des citoyens. Après la nomination de Iejov à la place de Iagoda, en tête du N.K.V.D., Pasternak a pu espérer un bref répit du harcèlement policier. Mais ce nouveau commissaire du peuple est un maniaque de l'épuration systématique par élimination des suspects. Les procès d'intention se succèdent à un rythme infernal. Le 21 juillet 1937, c'est l'ami intime de Pasternak, « le Géorgien » Titsian Tabidzé, qui est arrêté et emmené on ne sait où, sans motif « apparent ». Le 22 juillet, un autre de ses amis, le poète Paolo Iachvili, se suicide. Puis, c'est un voisin de campagne, à Peredelkino, que Boris voit partir entre deux gendarmes. On ne le reverra plus. Entre-temps, Boukharine et Rykov ont été exclus du Parti. Même les plus hautes têtes sont menacées. Est-ce une suffisante consolation pour les autres ?

Au milieu de tous ces bouleversements et de toutes ces disparitions, une naissance.

Zina Pasternak met au monde le second
fils de Boris, qu'on baptise aussitôt Léonid
(diminutif Lionia) en l'honneur de son
grand-père paternel. Zina Pasternak étant
déjà mère de deux enfants, Assik (Adriani)
et Stassik (Stanislas), issus de son premier
mariage, Boris accepte les nouveaux venus
dans sa famille avec autant d'affection et
d'abnégation que s'ils étaient de lui. A son
avis, les liens du sang sont une convention
absurde. Seuls comptent les liens du cœur.
Quant aux complications financières qu'entraîne tout agrandissement de la famille, il
s'en moque. Il n'a jamais su ni prévoir ni
compter. A Zina, qui s'inquiète parfois de
l'augmentation de leurs dépenses, il répond
en riant de son air de pirate toujours prêt à
l'abordage : « Tu connais mon opinion sur
la propriété et les biens personnels. Nous
sommes sur terre des invités. L'argent n'a
de valeur que dans la mesure où il assure
liberté et tranquillité pour le travail, qui est
notre seul devoir [1]. » D'ailleurs sa largeur
d'esprit et sa tolérance sentimentale l'em-

_____

1. Pasternak : *Lettre à Zina.*

pêchent de considérer la rupture de quelque liaison que ce soit comme la fin de son affection envers la personne dont il se sépare. Après son divorce d'avec Génia, en 1931, il continuera de la voir, de lui envoyer ses livres et de correspondre avec elle en toute simplicité et en toute franchise. De même, ayant épousé Zina, il gardera des relations amicales avec l'ex-mari de celle-ci, le pianiste Heinrich Neuhaus. En fait, ce qui compte pour lui, ce n'est pas l'opinion des autres sur lui-même, ni celle de lui-même sur les autres, mais le climat de confiance primaire et de tièdes habitudes dont il a besoin pour ne pas laisser tomber sa plume au milieu d'une phrase.

Malgré son optimisme naturel, et alors qu'il ne voudrait avoir en tête que la musique des mots, il ne laisse pas d'être inquiet en songeant aux conséquences du troisième procès de Moscou, qui s'ouvre avec fracas au mois de mars 1938. Accusés d'avoir participé au complot du « bloc antisoviétique des droitiers et des trotskistes », les plus gros bonnets du régime risquent leur vie. Boukharine, jadis tout-puissant,

Rykov, ancien chef du gouvernement, Krestinski, et jusqu'à Iagoda, hier encore chargé de la répression des menées anti-soviétiques, tous sont condamnés à mort. Ayant fait le ménage parmi ses anciens collaborateurs, Staline complète le renouvellement de son équipe en éliminant Iejov, naguère encore chargé de diriger la grande purge révolutionnaire, et le remplace par son adjoint Beria. Est-ce la fin de la terreur organisée ? Pasternak veut le croire et c'est dans cette perspective heureuse qu'il accueille au mois de juin Marina Tsvetaeva, laquelle, après avoir longtemps hésité, s'est résolue à fuir la France, où les milieux de l'émigration russe lui sont de plus en plus hostiles, et à regagner la Russie, où son mari, Serge Efron, et sa fille Ariadna l'ont d'ailleurs précédée. Ces trois transfuges espèrent une réception triomphale dans la mère patrie. Or, en arrivant à Leningrad, puis à Moscou, Marina apprend que sa sœur, Anastasie, une ardente révolutionnaire, a été arrêtée et déportée on ne sait où, que son mari Serge Efron, accusé en France d'être un espion soviétique, s'attend à être arrêté et emprisonné d'un jour à l'autre pour avoir mal fait sa besogne de mouchard, et qu'elle-même, en tant qu'ancienne émigrée, n'est pas en odeur de sainteté sur sa terre natale. En vain Pasternak essaie-t-il de la réconcilier avec l'humeur atrabilaire de ses compatriotes. Si les gens sont parfois aimables, les services officiels, eux, se renfrognent. Il a beau tenter d'expliquer à Marina Tsvetaeva que l'U.R.S.S. ignore superbement le beau mot de « repentir », elle refuse de croire que le vocabulaire russe a changé avec le régime. Et voici que, le 27 août 1937, deux mois après son arrivée, la police vient arrêter sa fille Ariadna. Pour quelle raison ? Mystère. Sans doute estime-t-on ici que toute « revenante » transporte sur elle des traces des miasmes capitalistes. Pasternak cherche encore à s'expliquer cette « bévue policière » lorsqu'il apprend que sa mère est morte quelques jours plut tôt, en exil, à Londres. Mais que sont les deuils individuels à la veille d'une boucherie planétaire ? Déjà la folie du monde répond à la folie des hommes. L'Angleterre et la

France déclarent la guerre à l'Allemagne et l'Armée rouge se porte au secours de la Pologne afin, dit-on, de protéger les frères slaves des confins de l'Ukraine contre la voracité d'Hitler. A présent que les Russes ont en commun un adversaire clairement désigné, ils vont, pense Pasternak, cesser de se battre entre eux pour des conflits idéologiques. Or, le mois suivant, exactement le 20 octobre 1937, la police vient arrêter, sous le nez de Marina Tsvetaeva, son mari Serge Efron. Le mandat d'amener est signé du terrible Beria. Pasternak, appelé à la rescousse, constate son impuissance face à une autorité aussi écrasante. Incapable d'entreprendre un travail d'envergure dans cette atmosphère de veillée d'armes, il se contente de rédiger une traduction de *Hamlet* qui lui a été commandée par Meyerhold et s'attelle à un recueil de *Traductions choisies* qui lui rapportent tout juste de quoi vivre.

Or, à partir de l'invasion de la Russie par les troupes allemandes, la vie de la famille Pasternak devient de plus en plus difficile.

Dès le début du mois de juin 1941, les
autorités soviétiques ordonnent à la population des grandes villes de participer
régulièrement à des exercices de défense
passive. Zina et le second fils de Pasternak
(le petit Lionia) sont évacués dans l'Oural,
à Tchistopol, sur la Kama. Ils y seront plus
en sécurité qu'à Moscou, qui tremble déjà
sous l'effet des premiers raids aériens.
Resté seul sur place, Pasternak s'efforce de
justifier sa présence dans la cité à demi
désertée en faisant le guet sur le toit d'un
immeuble. « Cela fait trois nuits que l'on
bombarde Moscou [...], écrit-il à Zina le
24 juillet 1941. Je suis sur le toit de notre
immeuble pour la surveillance des incen-
dies [...]. Que de fois, la nuit dernière,
lorsque tombaient et explosaient à une ou
deux maisons de moi fougasses et obus
incendiaires [...], j'ai fait mentalement mes
adieux, ma chérie, ma *doussia*. Merci pour
tout ce que tu m'as donné et apporté. Tu
as été la meilleure part de ma vie et nous
n'avons pas assez compris, ni l'un ni
l'autre, combien tu étais profondément ma
femme et ce que cela signifiait [...]. Tout

autour de nous, c'était la canonnade et une mer de flammes. Je vous étouffe dans mes bras tous les trois, toi, Lionia et Stassik. Tous, ici, sont sains et saufs. » Un peu plus tard, comme Zina s'inquiète de le voir « en panne d'imagination poétique », il s'empresse de la rassurer : « Je pourrais probablement écrire quelque chose de très personnel et je regrette de ne pas avoir le courage de tout envoyer promener et de m'y mettre [...]. Mais il y aura encore de l'argent pendant quelque temps. » Pour la convaincre définitivement, il lui annonce que sa vigueur intellectuelle et physique est intacte et que « la création littéraire exige une bonne santé car elle est dans toute sa force aussi privée d'artifices que le chauffage des poêles ou le travail au potager [1] ».

En attendant l'élan qui le portera vers un « grand travail », il gagne un peu d'argent en publiant des traductions et expédie la moitié de ses gains à Zina. Alors qu'il rêve de la rejoindre à Tchistopol, il apprend que Marina Tsvetaeva, exilée à Elabouga par

---

1. Lettre du 11 août 1941.

mesure administrative d'évacuation, vient de se pendre. Solitude, dénuement, désespoir, à quoi bon chercher des motifs à un suicide? N'y songe-t-il pas lui-même, de temps à autre, tout en se prétendant capable de surmonter les pires embûches de la vie? « Si cela est vrai [le suicide de Tsvetaeva], quelle horreur! écrit-il à Zina [...]. Comme je suis coupable si c'est la vérité. [...] Cela ne me sera jamais pardonné. J'avais cessé de m'intéresser à elle cette dernière année. Et vlan! Que c'est terrible [1]! »

Alors que les Allemands approchent de Moscou, Pasternak, surmontant son chagrin, se voit obligé de suivre, à cinquante et un ans, des cours d'instruction militaire. « Je me lève à l'aube, écrit-il à Zina, j'écris quelques lignes pour gagner mon pain (j'ai dû, à cause de toute cette *racaille*, en revenir à des traductions des poètes lettons, géorgiens), je file (de Peredelkino) à Moscou [...] et, à partir de 4 heures, le pas de tir et le polygone d'entraînement, derrière

---

1. Lettre du 1er septembre 1941.

la barrière de la Presnia. Je ne mange rien de toute la journée et m'alimente le soir, dans l'obscurité, lorsque je suis rentré à Peredelkino. Et cependant, tout cela est merveilleux si tu m'aimes pour de bon [1] ! »

Entre-temps, la pression allemande s'étant relâchée autour de Moscou, Pasternak songe sérieusement à rejoindre sa femme et son fils à Tchistopol, où ont été repliés la plupart des écrivains et leurs familles. Il espère y jouir de la tranquillité nécessaire à l'achèvement de la traduction en russe de *Roméo et Juliette*. Encore un travail alimentaire en attendant l'œuvre capitale dont il ne sait même pas sous quelle forme elle s'imposera à lui. Mais déjà la contre-offensive russe se dessine et le projet du grand voyage pour Tchistopol se précise. Dès la mi-octobre, Pasternak retrouve Zina et leur petit Lionia dans la bourgade au bord de la Kama. Larmes, baisers, échange de serments et de projets, rien ne manque à son bonheur. Mais le plus important pour lui, c'est la lecture,

---

1. Lettre du 1ᵉʳ septembre 1941.

projetée depuis longtemps, de sa traduction de *Roméo et Juliette* devant quelques écrivains évacués à Tchistopol. La séance a lieu dans une atmosphère mi-cordiale, mi-sceptique. Or, l'auteur recueille à la fin une approbation unanime. Revu par lui, Shakespeare bénéficie d'une seconde jeunesse. Fouetté par ces éloges, Pasternak décide de retourner immédiatement à Peredelkino pour une éventuelle représentation de la pièce dans sa version russe. Mais il n'entend pas pour autant oublier sa famille. Le 17 octobre 1942, il annonce à Zina que, quelle que soit l'issue de la guerre, il reviendra auprès de sa femme et de son enfant. « Peu importe si la paix est conclue en janvier (prochain) ou si, au contraire, l'évolution des opérations militaires fait que la guerre s'éternise et étende sa menace sur Tchistopol, je veux être avec vous et, tant que cela sera possible, vivre au chaud, bien m'alimenter et bien travailler ; mais si, par malheur, cela devient impossible, j'aimerais partager avec vous les privations qui s'annoncent. »

Ce qui le retient encore à Moscou, alors qu'il brûle de s'en évader, ce sont de sordides questions de contrat et son projet d'écrire une traduction d'*Antoine et Cléopâtre*. Inépuisable Shakespeare! Manne intarissable des adaptateurs de toutes sortes. Plus on le triture et plus il résiste. Cependant, après un nouveau passage à Peredelkino et à Moscou, Pasternak n'y tient plus et décide de retourner dans le Sud afin de passer l'hiver auprès de Zina dans la douceur du climat de la Tartarie. Le voici donc une fois de plus à Tchistopol, où les bruits de la guerre arrivent si assourdis qu'on pourrait, par moments, s'imaginer qu'elle est terminée. Mais elle continue, meurtrière, héroïque et absurde. C'est d'ailleurs là, dans le refuge douillet de Tchistopol, que, au mois de février 1943, la nouvelle de la victoire de Stalingrad éclate comme un pétard de fête. Partout, les Allemands reculent. Il est temps de rentrer chez soi! Devant la promesse d'un retour progressif à la normale, toute la famille Pasternak regagne Moscou. Sur place, Pasternak et sa femme constatent les dégâts des bombardements aériens sur leur maison longtemps abandonnée. Dans une lettre à son amie, Olga Freidenberg, Boris dresse le bilan catastrophique des combats. « Dans notre appartement de Moscou (aux septième et huitième étages) s'est installée une batterie de défense antiaérienne. Ils ont transformé tout l'étage qu'elle n'occupait pas en lieu de passage, laissant les portes grandes ouvertes. [...] A Peredelkino se trouvaient certaines unités de notre armée [...]. En juillet, j'ai amené Zina et son fils Stassik et Lionitchka sur ces ruines [...]. La vie est très difficile en ce moment, sans un coin à soi, sans meubles, il faut tout recommencer de zéro [1]. » Avec une énergie farouche, Zina se met en devoir de restaurer l'appartement de Moscou et la datcha de Peredelkino. Quant à Pasternak, il contribue à soutenir le moral de l'armée victorieuse en acceptant de partir pour le front, avec une « brigade d'écrivains », afin de donner à ceux de l'arrière une image véridique des héros qui sont prêts à mourir

---

1. Lettre du 5 novembre 1943.

pour que la Russie survive. La ville d'Orel venant d'être libérée, il rend hommage dans ses vers à cette prouesse exceptionnelle. Ses poèmes paraissent en même temps que ceux de quelques confrères dans un recueil collectif intitulé *La Bataille d'Orel*. En outre, son reportage « Voyage à l'armée » est publié, le 20 novembre, dans le journal *Le Travail*. Encore quelques roubles en perspective! Comment pourrait-il se plaindre? Les soldats qu'il a observés n'étaient pas payés, eux, pour se faire tuer! Evoquant, dans un de ses poèmes, intitulé *Mort du sapeur*, l'agonie d'un de ces combattants anonymes, il écrit :

> Bien qu'il rongeât la terre de douleur,
> Le blessé n'eut pas une plainte.
> De fermeté terrienne et d'honneur
> Son âme rude était empreinte.
> Vivant encore on put l'évacuer.
> Il haleta sur la civière
> Pendant une heure, et l'on put l'enterrer
> Là-bas, non loin de la rivière [...].
> Vivre et mourir n'a rien d'original

La seconde naissance

Et seul le sacrifice donne
A notre vie un sens, un idéal,
L'immortalité et la couronne [1].

Ce poème, parmi de nombreux autres, est inclus par Pasternak dans un recueil inédit : *Les Trains du petit jour*. Aimablement accueilli par la presse, cet ouvrage incite l'auteur à une sage utilisation de ses multiples possibilités d'expression : tour à tour poète, traducteur, témoin oculaire ou critique, il publie avec succès, l'année suivante, ses traductions d'*Antoine et Cléopâtre*, de *Roméo et Juliette*, ses observations sur l'art de Shakespeare et même un article, assez inattendu, inspiré par son admiration pour Paul Verlaine, dont on commémore, en France, le centenaire de la naissance. Pensant à son propre cas, il félicite le poète français d'avoir su allier, dans ses vers, musicalité et réalisme. «Verlaine a su, dans sa poésie, écrit-il, rendre le son des cloches, il a capté et fixé les odeurs des plantes de son pays sans

---

1. Traduction de Vardan Tchimichkian.

parvenir à imiter les oiseaux ni à recenser toutes les modulations du silence intérieur comme extérieur [...]. Tout le monde ou presque est simple et naturel, mais simple à ce degré initial, c'est une affaire de conscience, et alors la seule chose qu'il importe de savoir est si cette simplicité est sincère ou feinte [...]. Or, Verlaine est naturel de façon imprévisible [...], il est simple non pour qu'on le croie mais pour ne pas entraver la voix de la vie qui jaillit hors de lui. »

En écrivant ces lignes, Pasternak envie le cher Verlaine, qui n'hésite jamais entre les vers et la prose pour exprimer le fond de sa pensée, alors que lui se pose tant de questions avant de décider entre ces deux tentations contraires. Néanmoins, l'année suivante, il publie une anthologie de ses œuvres poétiques sous le titre de *Poésie et longs poèmes choisis*. Il déverse là, sur près de deux cents pages, toute sa contribution au lyrisme avant-gardiste de la Russie. Mais cela ne l'empêche pas de consacrer quelques semaines plus tard un article en prose à Chopin.

Alors qu'il fête, avec tous ses compatriotes, la capitulation de l'Allemagne et la fin de la guerre, il apprend que son père, Léonid Pasternak, est mort à Oxford. Ce choc l'oblige à jeter un regard sur tout son passé et sur sa mission, vraie ou fausse, d'écrivain russe en quête d'une vérité universelle. Et, peu à peu, l'idée d'une œuvre en prose, inspirée par sa propre expérience, lui revient à l'esprit. S'il n'en parle pas encore expressément à Zina, il confie son rêve à Olga Freidenberg dans une lettre du 13 octobre 1946. « Il y a un point sur lequel je vais essayer de me reprendre en main, c'est le travail. Je t'ai déjà dit que j'avais commencé à écrire un grand roman en prose. Au fond, c'est mon premier travail véritable. Je veux y donner le tableau historique de la Russie au cours de ces derniers quarante-cinq ans, et, en même temps, montrer toutes les facettes de mon sujet, dur, triste et élaboré en détail, comme idéalement chez un Dickens ou un Dostoïevski. Ce travail sera l'expression de mes vues sur l'art, sur l'Evangile, sur la vie de l'homme dans l'histoire et sur beaucoup d'autres choses encore. Le roman s'appelle pour le moment *Garçons et Fillettes* [...]. L'atmosphère du livre, c'est mon christianisme un peu différent dans sa largeur de celui des quakers ou de Tolstoï, dérivé d'autres aspects de l'Evangile que ses aspects moraux. Tout cela est si important et les couleurs tombent si bien dans les contours imaginés que je ne pourrai pas vivre une seule année de plus si, pendant ce temps-là, ne vit et ne grandit cette réincarnation de moi-même, où se sont transportés avec une netteté presque physique quelques-unes de mes entrailles et particules nerveuses. » Ainsi, comme attiré par le vertige d'une création essentielle et urgente, Boris Pasternak évoque avec netteté les tendances psychologiques, métaphysiques, anecdotiques, véridiques de son récit; il ne se trompe que sur un point : le titre de ce futur roman.

V

Divine découverte de la prose

Envoûté par ses personnages comme par de nouveaux venus dans la maison, Pasternak écrit, dans la fièvre et le bonheur, ce nouveau roman dont il dit qu'il sera « un livre de vie » et un hommage « terrible » à tous ceux qui se réclament de la liberté de pensée. Il avance d'autant plus rapidement dans son travail qu'il ignore au juste ce que lui réserve ce long récit dans lequel il reconnaît parfois son reflet renvoyé dans un miroir déformant. Il est même si pressé de recueillir l'opinion de ses proches sur cette « folle entreprise » qu'il organise une lecture des premiers chapitres à son domicile, puis chez son voisin Constantin Fédine, à

Peredelkino. Tous se disent enchantés. Mais quelle est la part de la sincérité et celle de l'amitié dans ces éloges ? A l'instant même où Pasternak se pose la question, il s'aperçoit à quel point elle est absurde, puisque ce n'est pas l'appréciation du public qu'il recherche, mais son propre contentement devant l'effort fourni et le résultat obtenu. Ce qui lui paraît inquiétant pour l'avenir de ce livre, et d'ailleurs de toute la littérature en U.R.S.S., c'est moins l'avis de quelques lecteurs que la publication, le 26 août et le 4 septembre 1946, d'une série de décrets condamnant les revues *Zvezda* (*L'Etoile*) et *Leningrad*, entre autres, pour leur soutien inconsidéré à des ouvrages politiquement néfastes. A travers les commentaires qui accompagnent ces textes officiels, ce sont notamment la grande poétesse Akhmatova et le brillant humoriste Zochtchenko qui sont accusés de salir leur pays en obéissant aux viles consignes de l'idéologie bourgeoise. Trop heureux de souscrire au jugement de l'autorité supérieure, Alexandre Fadeïev, le nouveau secrétaire général de l'Union des écrivains, exige l'exclusion des deux « coupables » d'une association qui ne peut se permettre d'héberger des serpents dans son sein. Il décide même d'aller plus loin dans l'application des directives politico-littéraires de Staline. Celui-ci, une fois élu par le Parti à la tête du Politburo, a en charge le développement et l'organisation de tout le pays. Maître absolu, il s'applique à faire régner de bas en haut de toute la Russie une vigoureuse tyrannie populaire et, dans ce combat pour la pureté idéologique, il ne néglige pas de dénoncer tous ces pisseurs de copie et ces rimailleurs qui placent leur succès personnel au-dessus de celui du credo marxiste. Fadeïev ne peut que renchérir dans le rigorisme actuel.

Dès le 4 septembre, il s'avise qu'un Boris Pasternak, épargné jusqu'ici par les foudres administratives, mériterait, lui aussi, une sévère admonestation. Pour abattre ce « faux frère », il l'accuse, dans *La Gazette littéraire* du 7 septembre, de s'être détourné du peuple, dont il s'obstine à ignorer la grandeur, et de s'être réfugié dans des travaux de traduction qui lui rapportent de

141

quoi vivre sans l'exposer à la moindre
critique pour son absence de conviction
socialiste. Selon Fadeïev, un comporte-
ment aussi louche devrait entraîner la mise
à l'index de pasternak. Nullement impres-
sionné par cette attaque fielleuse, l'écrivain
maintient la lecture de la suite de son
roman à ses amis, fixée au 9 septembre.
Mais ce jour-là, c'est la *Pravda* qui sanc-
tionne l'antipatriotisme de Pasternak : elle
publie une résolution du présidium de
l'Union des écrivains le qualifiant d'auteur
« dépourvu d'idéologie et éloigné de la
réalité soviétique ». Or, l'accusé ne bronche
pas sous les coups. Avec la conviction de
son innocence et de sa droiture, il se déclare prêt à relever le défi. Il a le sentiment
d'avoir derrière lui tout le passé de la littérature russe, de Pouchkine à Tourgueniev
en passant par Gogol, et de n'être menacé
que par quelques plumitifs d'aujourd'hui
envieux et haineux.

Il croit l'affaire enterrée lorsque, le
17 septembre, l'implacable Fadeïev profite
d'une réunion de l'assemblée générale de la
section moscovite de l'Union des écrivains

pour annoncer à ses confrères que « la poésie apolitique et dépourvue de contenu idéologique de Pasternak ne peut servir d'idéal aux héritiers de la grande poésie russe ». Bien qu'il écrive à Olga Freidenberg que ces aboiements de roquets le laissent indifférent, Pasternak souffre de constater que sa femme, moins vaillante que lui, supporte mal les humiliations publiques dont il est l'objet. « Comme tout cela est vieux, bête et fatigant [1] », conclut-il. Et, pour se laver de ces souillures, il se replonge, avec un enthousiasme de revanche, dans le bain « purifiant » de son manuscrit. L'obligation morale de se consacrer à cette œuvre l'incite à organiser régulièrement son existence quotidienne. « J'ai fait mes premiers pas dans ma voie nouvelle, écrit-il encore à sa cousine Olga Freidenberg : vivre et travailler sur deux plans : une partie de l'année, avec beaucoup de hâte, pour subsister l'année entière et, la deuxième partie, pour moi-même », c'est-à-dire pour le roman. S'il a choisi la pro-

---

1. Lettre du 5 octobre 1946.

fession de son héros, qui sera médecin et connaîtra tous les dilemmes liés à cette activité dans les années de la guerre, de la révolution, de la lutte fratricide entre les « blancs » et les « rouges », et des débuts cahoteux du collectivisme socialiste, il lui cherche encore un nom à la fois original et facile à retenir. Le mot russe *jivoï*, qui signifie « vivant », servira de racine au patronyme définitif. De même que le Christ est « vivant » (*jivoï*), de même le personnage de Pasternak sera « Jivago », un porteur de vie, de vérité, de bonne volonté et d'audace.

Or, le 21 mars, à peine a-t-il baptisé son alter ego et avant même la publication du moindre passage de son livre, l'hebdomadaire *Culture et Vie* s'ouvre sur un article incendiaire du poète communiste Alexis Sourkov intitulé « La Poésie de Pasternak ». Selon ce défenseur de l'orthodoxie politique du Kremlin, « Pasternak présente du monde une vision attardée et réactionnaire qui est en constant désaccord avec la nouvelle réalité ». Dans ces conditions, il est clair que l'activité artistique de ce trublion constitue une « calomnie directe » à l'encontre du peuple soviétique et qu'il faut l'empêcher de persévérer dans son acharnement anti-patriotique et destructeur. Philosophe à sa manière, Pasternak confie à ses proches : « Cette fois-ci, ils veulent ma peau. » Mais il refuse de perdre son temps à se justifier devant des imbéciles jaloux, alors que ses personnages, Jivago en tête, ont tellement besoin de lui! Chaque heure qu'il leur dérobe l'appauvrit lui-même. Comme pour l'encourager dans cette lutte sur deux fronts, contre la haine de ses confrères et contre les exigences de ses héros, il veut voir un signe du Ciel dans la rencontre qu'il fait, au mois d'octobre 1946, dans les bureaux de la revue *Le Monde nouveau*, d'une toute jeune rédactrice, Olga Ivinskaïa.

Si Pasternak est ébloui par la fraîche beauté de cette inconnue de vingt-deux ans, elle, de son côté, s'avoue subjuguée par la gloire, la prestance et la simplicité de l'écrivain. D'une entrevue à l'autre, dans la salle de rédaction, leur engouement réciproque s'affirme. « Le voici devant ma table, près de la fenêtre, écrira-t-elle dans ses Souvenirs, cet homme le plus généreux du monde, auquel il fut donné de parler au nom des nuages, des étoiles et du vent et qui trouva des mots éternels pour évoquer la passion virile et la faiblesse féminine ! » Elle ajoute que le regard qu'il posait sur elle était tellement exigeant, tellement appréciateur et mâle qu'on ne pouvait s'y tromper. « Je venais de voir arriver le seul être qui me fût indispensable, celui-là même qui était déjà avec moi en vérité. Et c'était là un miracle bouleversant. » Cependant, comme elle n'ignore pas qu'il est marié, elle craint qu'il ne s'agisse entre eux que d'une aventure sans lendemain. Mais Pasternak est sincèrement épris de la petite Olga Ivinskaïa. Sans se départir de ses égards habituels envers Zina, il installe Olga dans une chambre confortable à proximité du domicile conjugal. A une amie qui le sonde sur ses intentions à l'égard de sa femme, il répond froidement que leur ménage bat de l'aile, que tout est terminé entre eux et que c'est mieux ainsi, pour elle comme pour lui. Après quoi, il déclare avec l'enthousiasme d'un adolescent attardé : « Qu'est-ce que la vie, sinon l'amour ? Et Olga est si charmante, si lumineuse, si merveilleuse ! Cet extraordinaire soleil est entré dans ma vie et c'est si bien, si bien ! Je ne pensais plus connaître un tel bonheur [1]. » Tout à son nouvel amour, il est prêt à redoubler d'ardeur dans son travail d'écrivain, lorsqu'il se voit réclamer, par voie judiciaire, le remboursement de l'avance qu'il a reçue, un an plus tôt, pour son roman encore à l'état de projet. Afin de répondre à ces tracasseries, il multiplie les traductions : *Le Roi Lear* de Shakespeare, le *Faust* de Goethe, quelques poésies éparses. Mais, par malchance, une anthologie de son œuvre poétique est mise au pilon. Tant pis : il ne veut plus entendre parler de ses vers d'autrefois et maudit les heures qu'il a passées à les écrire alors que *Le Docteur Jivago* attendait, derrière la porte, la permission d'entrer dans sa vie. A présent qu'il s'est plongé jusqu'au cou dans son

---

1. Cf. Olga Ivinskaïa : *Otage de l'éternité.*

récit, il se dit le plus heureux des hommes. Cette sensation de béatitude laborieuse, il l'analysera, quelques années plus tard, à l'intention de son amie Nina Tabidzé : « Je suis très satisfait de mon sort, de la possibilité que j'ai de gagner ma vie par un travail honnête et de la clarté qui règne dans mon âme [1]. »

Au vrai, l'idée que l'hostilité des pouvoirs publics l'empêchera, sans doute, de publier *Le Docteur Jivago* avant de nombreuses années le rassure plutôt. Inutile de se presser puisque aucun éditeur ne prendra le risque de faire paraître, dans les circonstances actuelles, l'ouvrage d'un auteur déprécié. Ayant l'éternité devant lui, il écrit pour l'éternité, c'est-à-dire pour lui-même. Il n'est pas rare que l'interdiction fouette l'inspiration du poète. Ce plaisir étrange de narguer la loi au lieu de s'y soumettre, d'autres l'ont éprouvé avant lui : Pouchkine, Gogol y ont fait allusion jadis. Quant à lui, la perspective de remuer des idées et d'accumuler des pages en

---

1. Lettre du 6 avril 1950.

toute impunité le grise. Ne savoir où l'on va, quelle longueur aura le livre et s'il sera imprimé un jour, c'est la libération totale de l'imagination pour un écrivain! *Le Docteur Jivago* avance à pas de géant. Contemporain de Pasternak, ce personnage d'un médecin à la conscience tourmentée et aux convictions profondément humaines est l'occasion pour l'auteur d'évoquer, par le biais d'une fiction, ses propres tourments au milieu d'une époque de violence, de trahison, d'illusions perdues et de sacrifice inutile. Adolescent issu de la révolution de 1917, Youri Jivago sera illuminé par l'apparition de Lara, la sublime « petite fille » d'une autre « catégorie sociale ». Inspiré par l'amour fou de Boris Pasternak pour Olga Ivinskaïa, cette idylle, à la fois exaltante et tragique, se poursuit à travers l'affreux chaos où sombre la Russie. A tout moment, le cœur des amants l'emporte sur leur raison et sur leur prudence. Là encore, le docteur Jivago et Lara ne sont que les copies conformes de Boris et Olga. Celle-ci est tellement sûre de leur bonheur à tous deux qu'elle écrira dans ses

Souvenirs : « Pour moi, Boris était plus qu'un mari. Il était entré dans ma vie et s'en était complètement emparé, sans laisser un seul recoin dont il aurait été exclu [1]. »

La trame du roman que Pasternak compose patiemment et passionnément à cette époque est certes linéaire, mais elle se prête aux méditations favorites de l'auteur sur le destin de l'homme, élément central de la nature. S'il prend plaisir à évoquer Lara, en 1905, alors qu'elle n'était qu'une adolescente craintive, livrée aux volontés de l'amant de sa mère, Komarovski, un homme d'affaires sans scrupule qui se posait en « protecteur » de la famille, c'est parce que, à travers elle, Youri Jivago s'initie aux réalités sordides de l'existence, qui lui ont été jusqu'à ce jour épargnées. Mariée à l'instituteur Antipov, elle est elle-même institutrice, mais quand la guerre éclate et qu'Antipov part pour le front, elle s'engage comme infirmière dans un hôpital militaire. C'est là qu'elle rencontre Youri

---

1. Olga Ivinskaïa : *Otage de l'éternité.*

Jivago blessé et qu'elle lui prodigue des soins qui les émeuvent autant l'un que l'autre. De son côté, Youri Jivago est marié et ne songe d'abord qu'à guérir pour regagner son foyer. La révolution bouleverse ses intentions et comble secrètement son espoir. Il parvient cependant à s'arracher au charme de Lara et à rejoindre sa famille dans la solitude neigeuse de leur propriété, Varykino, aux abords de l'Oural. Or, croyant ainsi échapper à la fatalité qui le guette, il est rejoint par Lara, laquelle est revenue s'installer dans sa province natale après avoir cherché en vain son mari qui participe, loin d'elle, à la lutte fraticide entre les rouges et les blancs. En essayant de rejoindre Lara dans sa nouvelle résidence, Youri Jivago est capturé par les partisans loyalistes de l'amiral Koltchak, trop contents d'avoir mis la main sur un médecin. Lorsqu'il parvient enfin à s'évader du camp où ils l'ont enfermé, il se précipite à Varykino afin d'oublier, dans le calme et le silence de la campagne, les souffrances et les alarmes de ces derniers jours. Isolé avec Lara dans un désert de blancheur, il apprend que les membres de sa famille ont quitté la Russie pour échapper au séisme révolutionnaire. Du coup, il se sent à la fois délivré de toute attache et désarmé devant les épreuves qui l'attendent. Lara compare leur dénuement à celui d'Adam et Eve aux premiers jours de la création. « Nous respirons, dit-elle, nous nous aimons, nous nous cramponnons l'un à l'autre, nous nous serrons l'un contre l'autre. » Un nouveau choc les attend : l'arrivée à Varykino du « mauvais génie », l'homme d'affaires Komarovski que Lara déteste, méprise et redoute car il a « souillé » sa jeunesse. Or cette fois-ci, il est plus persuasif que jamais et propose, grâce à ses relations avec les bolcheviks, de mettre définitivement Lara « à l'abri ». Bien que confus et ulcéré, Youri s'incline raisonnablement devant cette promesse de sauvetage. D'ailleurs Antipov, le mari de Lara, se porte lui-même garant du succès de l'entreprise. C'est la séparation. Revenu à Moscou, Youri Jivago veut reprendre son travail à l'hôpital, mais il meurt subitement et stupidement à la suite d'une collision entre deux tramways. Devant le corps de son bien-aimé, Lara songe en silence aux étapes de leur amour à la fois déchiré et exalté par les évènements historiques.

Alors qu'on « prépare » le défunt avant de l'incinérer, Pasternak commente ainsi la douleur et le désarroi de son héroïne au souvenir de sa passion pour Youri Jivago : « Quel amour avait été le leur, libre, rare, incomparable ! Ils avaient pensé leur amour comme d'autres chantent. Jamais, non, jamais, même aux instants du plus grand bonheur, ils n'avaient oublié qu'il y avait quelque chose de plus haut et de plus important que ce bonheur : la jouissance que leur procurait la vue de l'ensemble du monde, le sentiment d'appartenir à la beauté de tout le spectacle, d'être les fragments de la totalité de l'univers. Cette harmonie était bien leur raison de vivre [...]. Les principes d'un culte fallacieux de la société transformés en dogmes politiques leur semblaient un pitoyable bricolage domestique et leur demeuraient incompréhensibles. »

Quant à la fin de Lara, elle sera, selon

l'auteur, aussi pitoyable que sa vie a été fulgurante. « Un jour, écrit Pasternak, elle ne revint pas chez elle. Sans doute fut-elle arrêtée dans la rue. Elle dut mourir ou disparaître on ne sait où, oubliée sous le numéro anonyme d'une liste perdue dans un de ces inombrables camps de concentration du Nord. »

Alors même qu'il se laisse griser par l'aventure de ses personnages, Pasternak se félicite égoïstement de mener, avec Zina, l'existence d'un couple ordinaire à l'abri de tout soupçon. Or, dans sa fièvre de romancier, il a fini par omettre une évidence, à savoir qu'en Russie soviétique personne n'est nulle part en sécurité.

Après quelques semaines d'injonctions tracassières, le N.K.V.D. s'avise qu'en s'occupant de la compagne de Pasternak on pourrait le contraindre à une soumission définitive. Ce n'est donc pas à l'épouse, Zina, qu'ils décident de s'en prendre mais à la maîtresse, Olga. Le 6 octobre 1949, Olga Ivinskaïa est arrêtée et enfermée à la Loubianka, sans accusation précise. Pasternak, qui se demandait déjà s'il n'allait pas se séparer d'elle pour avoir plus de liberté dans le travail, est écrasé par le poids de sa responsabilité. Rencontrant, le jour même, une amie, il fond en larmes et s'écrie : « Ça y est ! Tout est fini ! On me l'a enlevée et je ne la reverrai jamais ! C'est une sorte de mort ! C'est même pire [1]. » Et il écrit à Nina Tabidzé : « La souffrance ne fera qu'approfondir mon travail, que marquer de traits plus nets encore tout mon être et toute ma conscience. Mais elle, la pauvre, en quoi est-elle coupable, n'est-ce pas ? » Cette cassure dramatique inspirera à l'auteur le thème de la passion condamnée par des évènements extérieurs et aussitôt sublimée par l'absence. Destinée à détruire l'union de deux êtres, l'intervention brutale de la police leur offre en réalité la chance de survivre à la laideur et à la banalité quotidiennes.

En écrivant ce lourd et puissant roman, Pasternak ne songe manifestement pas au rythme du récit et accumule les digressions au gré de son humeur. En outre, il fait trop

---

1. Olga Ivinskaïa : *Otage de l'éternité.*

souvent intervenir le hasard pour justifier
la conduite de ses héros. Les coups de
théâtre, plus ou moins vraisemblables, lui
servent de ressort pour animer l'intrigue.
D'ailleurs, ce qui l'intéresse dans cette
conjoncture, c'est moins le sort des personnages fictifs que le reflet en eux des
tourments de l'auteur. A chaque page, on
le sent plus soucieux d'évoquer son propre
destin, les évènements historiques qu'il a
endurés et le choc moral qui en résulte
pour lui et pour ses proches. Incapable de
se dissocier du docteur Jivago, il est tout
ensemble son porte-parole, le témoin de
ses actes et le commentateur d'une tragédie
qu'il a connue lui-même. Emporté par la
sincérité évidente de l'écrivain, le lecteur ne
sait plus s'il lit un roman ou une autobio-
graphie et si, à tout moment, il ne doit pas
substituer le mot « je » au mot « il » dans le
texte qu'il a sous les yeux. Est-ce le docteur
Jivago ou Boris Pasternak qui, après la
séparation d'avec Lara, s'écrie : « Personne
ne fait l'histoire. On ne la voit pas, pas plus
qu'on ne voit l'herbe pousser. Les guerres,
les révolutions, les tsars, les Robespierres

sont des ferments organiques, son levain. Les révolutions sont faites par des hommes d'action, des fanatiques à œillères, des génies volontairement bornés. En quelques heures ou quelques jours, ils renversent le vieil ordre des choses [...]. Puis, pendant des dizaines et des centaines d'années, on adore comme quelque chose de sacré cet esprit d'étroitesse qui a provoqué le changement. » Des considérations analogues abondent dans ce livre touffu et révélateur. On a parfois le sentiment, d'un chapitre à l'autre, de surprendre une confession qui n'est adressée à personne. Et soudain, à travers tant d'idées et de souvenirs remués à la pelle, apparaît le dessein d'une immense entreprise où fiction et réalité se conjuguent, où l'histoire du monde et l'histoire des hommes s'affrontent avec une douloureuse absurdité et dont le véritable auteur, c'est la Russie, avec ses soubresauts de fanatisme, d'illusion, de générosité et de cruauté séculaires.

Au cours de l'automne 1948, Pasternak relit avec soin les quatre premières parties du *Docteur Jivago*, envoie le précieux colis à sa cousine et amie Olga Freidenberg et attend avec appréhension une réponse de cette femme de tête dont il a toujours apprécié le jugement. Elle lui répond le 29 novembre 1948 : « Enfin je suis arrivée à lire ton roman. Ce que j'en pense ? Je suis dans l'embarras. Quel est mon jugement sur la vie ? C'est la vie au sens le plus vaste et le plus grand. Ton livre est au-dessus de tout jugement [...]. Ce qu'il respire est immense [...]. C'est une variation particulière sur la Genèse. Tu t'y montres génial de façon très profonde [...]. J'avais froid dans le dos en lisant les passages philosophiques [...]. Mais tu dis des sottises quand tu prétends que tout ce que tu as fait jusque-là n'était que bagatelles et que c'est maintenant seulement... etc. Tu es un et toute ta vie est tracée là, comme un tableau avec la vue en perspective d'une route lointaine que l'on discerne tout entière dans les profondeurs. Les vers que tu as joints ne font qu'un avec la prose et avec la poésie de toujours. Et ils sont très beaux. »

Cette dernière phrase ravit Pasternak

plus que toutes les autres, car il n'a pu résister au désir de joindre à son long roman en prose quelques poésies de son cru en les présentant – innocent subterfuge – comme des vers dus à la plume de son héros. Une façon de marquer sa gratitude envers un art qui lui a donné, et lui donne encore, tant de joie.

Il met du reste une telle énergie à boucler les dernières parties du roman qu'on est obligé de l'hospitaliser, en octobre 1952, à la suite d'un infarctus du myocarde. Après deux mois de soins, il va poursuivre sa convalescence au sanatorium de Bolchevo. Cette alerte renforce en lui l'idée qui le hante depuis des années : pourvu qu'il ne meure pas avant d'avoir terminé *Le Docteur Jivago*! Son obsession s'apparente à une sorte de fanatisme littéraire. Il n'y a pas de salut pour lui en dehors de l'encre et du papier. Que le monde périsse, mais qu'on lui laisse le temps d'inscrire le mot « Fin » au bas de la dernière page!

Dès qu'il a de nouveau assez de vigueur pour tenir une plume et pour assembler

deux idées, il se remet à son manuscrit.
Une double récompense l'attend après cet
effort surhumain : le 5 mars 1953, les
journaux annoncent la mort de son ennemi
juré, Joseph Staline. Ce deuil national,
pompeusement célébré, est suivi d'un
certain nombre de mesures d'amnistie.
L'une des premières bénéficiaires de cette
mansuétude est Olga Ivinskaïa. Pasternak
la revoit avec une joie amère. L'ancienne
passion s'est essoufflée et il est surtout
attentif à la publication, dans la revue
Znamia (*L'Etendard*), d'une suite de vers
extraits de son roman en prose *Le Docteur
Jivago*. Il a d'ailleurs rédigé une courte
préface pour annoncer qu'il est sur le point
d'achever ce livre dont il attend beaucoup.
« Le roman devrait être terminé cet été,
écrit-il. Il embrasse la période de 1903 à
1929, avec un épilogue se rapportant à la
grande guerre patriotique. Le héros, Youri
Andreïevitch Jivago, est un médecin, qui
pense et qui cherche. Doué d'un tempérament créateur et artistique, il meurt en
1929. Il laisse des notes, et, entre autres
papiers, un ensemble de vers, écrits dans sa

160

jeunesse, dont une partie est proposée ici et qui, dans leur totalité, formeront la dernière partie du roman, sa conclusion. » Ainsi, par un excès de prudence, est-ce encore grâce à des extraits de poèmes que Pasternak tente de préparer le lecteur à apprécier la prose du *Docteur Jivago*. En fait, il lui faudra encore quelques mois de travail pour mettre au point une version définitive de l'ouvrage. Mais il n'a rien perdu de son désir de poursuivre la vérité et de toujours rechercher le mot juste.

Depuis la mort de Staline, il lui semble qu'on respire mieux dans la rue et dans les maisons. « Rien, bien sûr, n'a changé pour moi de façon fondamentale, écrit-il à Olga Freidenberg le 30 décembre 1953, sauf une seule chose, la plus importante de notre vie : la disparition quotidienne et massive des noms et des personnes [arrêtées par la police] a cessé, la destinée des survivants s'est adoucie, certains d'entre eux reviennent. » Et à la fin de la même lettre, il annonce triomphalement à sa correspondante : « J'ai terminé mon roman en brouillon (mais ce n'est encore qu'une grossière et superficielle ébauche ou paraphrase); il n'y manque plus que l'épilogue tel que je l'ai conçu, et j'ai écrit en outre près d'une douzaine de poésies. »

Quelques mois après avoir publié ce bulletin de victoire à l'intention de sa cousine, toujours si attentive à suivre et à commenter les péripéties de sa carrière, il apprend qu'Olga Freidenberg vient de mourir à Leningrad. Elle souffrait du cancer et évitait d'en parler dans sa correspondance. Pasternak avale ce nouveau deuil avec une résignation hypnotique. Il attend son tour. Olga Ivinskaïa à peine libérée de la Loubianka, et qu'il a initiée à l'art délicat de la traduction, révèle tout à coup des dons de poétesse et il l'associe de plus en plus volontiers au travail de révision du *Docteur Jivago*. Une dactylographie lisible du roman est enfin prête et proposée, dès le début de l'année 1956, aux revues *Znamia* et *Novy Mir* (*L'Etendard* et *Le Monde nouveau*), ainsi qu'à l'almanach *La Littérature moscovite* et aux Editions d'Etat. A la demande de Pasternak, Olga Ivinskaïa se charge de déposer, personnellement, les « colis de l'espoir » dans les bureaux de ces différentes institutions. C'est bien le diable, pense Pasternak, si aucune de ces prestigieuses maisons ne se déclare prête à le publier d'emblée !

Or, les réactions se font attendre ; à croire que le manuscrit n'est pas arrivé entre les mains des destinataires. Et brusquement, en septembre 1956, la réponse de *Novy Mir* arrive, sèche comme une gifle : le comité de rédaction de la revue, composé des romanciers Constantin Fédine, Constantin Simonov, Boris Lavréniov et des critiques Agapov et Krivitski, a estimé que *Le Docteur Jivago* était avant tout une thèse déguisée en roman et que ces pages offraient une image « profondément injuste, historiquement non objective dans l'évocation de la révolution, de la guerre civile, des années qui ont suivi celle-ci, et que l'ensemble était foncièrement antidémocratique et éloigné de toute compréhension des intérêts du peuple ».

En prenant connaissance de ce verdict qui le place pratiquement en quarantaine dans la littérature de son pays, Pasternak est à la fois consterné d'avoir perdu toute chance de réunir quelques lecteurs et fier d'avoir bravé la horde d'imbéciles pontifiants qui prétendent dicter aux écrivains le sens et la couleur de leurs rêves. Alors qu'il se réjouit d'avoir rempli le contrat secret qu'il a passé avec lui-même et d'avoir, selon sa propre expression, « justifié sa présence sur terre », il confie à Olga Ivinskaïa, au cours d'une promenade aux environs de Moscou : « Sois sûre que, pour rien au monde, ils ne publieront mon roman. Je ne pense pas qu'ils le publient tôt ou tard. Je suis arrivé à la conviction qu'il faut le donner à lire à tout le monde, à tous ceux qui le demanderont, parce que je ne crois pas qu'il soit publié un jour. » Certes, il existe déjà en Russie soviétique des auto-éditions clandestines, nommées *samizdat* ou *tamizdat*, si elles sont publiées au-delà des frontières, qui proposent, à tirage limité, des libelles introuvables en librairie. Ces échantillons de littérature illicite circulent de main en main avant que le N.K.V.D. ne les saisisse et n'intente un procès à l'auteur. Est-ce là ce que lui propose Olga Ivinskaïa? Tout à coup, il se découvre prêt à tenter l'aventure. Pirate de la plume, ce nouveau rôle ne lui déplairait pas!

VI

*Le dernier combat
du docteur Jivago*

Alors que Pasternak s'interroge sur l'avenir de la littérature dans la patrie de la méfiance et de l'interdiction systématiques, une première lueur d'espoir apparaît avec le changement qui s'opère à la tête du gouvernement. A la dernière séance du XXe congrès du Parti, le nouveau maître du Kremlin, Nikita Khrouchtchev, a osé dénoncer publiquement les crimes de son prédécesseur, l'« intouchable Staline ».

Bien que le contenu de son discours n'ait pas été communiqué à la presse, les délégués soviétiques en parlent hors séance, et la nouvelle, bientôt connue de tous, se répand avec une violence joyeuse dans tout le pays. L'idole jetée bas, dénoncée, piétinée, ne laisse dans la mémoire des contemporains que le souvenir d'un interminable despotisme. En apprenant cette prudente évolution de la politique, Alexandre Fadeïev, l'actuel dirigeant de l'Union des écrivains, rédige une lettre dans laquelle il exprime son dégoût pour les magouilles du pouvoir. « Je ne vois aucune possibilité de continuer à vivre, puisque l'art auquel j'ai consacré toute ma vie est conduit à sa perte par les gens ignares et pleins de suffisance du Parti et qu'on ne peut plus désormais y remédier [...]. Après la mort de Lénine on nous a réduits à l'état de gamins, on nous a détruits, on nous a terrorisés idéologiquement et on appelait ça "l'esprit de Parti" [...]. La littérature, ce fruit suprême du nouveau régime, est humiliée, persécutée, perdue [...]. Les nouveaux venus pleins de suffisance, qui ne jurent que par le grand enseignement léniniste, m'inspirent la plus totale méfiance car on peut craindre d'eux pis encore que du satrape Staline [...]. Ma vie d'écrivain a perdu toute signification et c'est avec une grande joie que je la quitte et me délivre de cette existence ignoble où l'on voit fondre sur soi bassesse, mensonge et calomnie. »

Partageant l'horreur de Fadeïev, Pasternak, lui aussi, se demande s'il est possible que le stalinisme soit mort avec Staline. Rendu circonspect par l'expérience, il préfère, pour l'instant, l'expectative dans le deuil et ne manifeste ni joie ni regrets excessifs. Or, de toute évidence, le pouvoir, bien que renouvelé, n'a pas abandonné ses préventions à l'égard de Pasternak. Le prestige dont l'écrivain jouit en Russie et à l'étranger dissuade, certes, le régime de s'en prendre directement à lui. Mais on n'hésite pas à le blesser plus profondément en s'attaquant à ses attaches sentimentales. En octobre 1949, Olga Ivinskaïa a été brusquement arrêtée et conduite dans les sinistres « oubliettes » de la Loubianka. Elle y a passé quatre ans et y a perdu un enfant en couches.

Le couple se reforme à la sortie de prison d'Olga, en 1953. Cette incarcération inique ne fait que renforcer la tendresse de Boris pour une femme qui a su, comme lui, souffrir et se taire sans renoncer à rien. D'ailleurs, pour lui aussi, les choses ont l'air de s'aplanir. Peut-être même est-ce « la fin du tunnel ». Voici qu'un speaker de Radio Moscou annonce à ses auditeurs, au cours d'une émission en langue italienne, la possible publication du roman de Pasternak en Italie. Sautant sur l'occasion, un communiste italien de souche, Sergio d'Angelo, collaborateur de la station et agent littéraire à Moscou de l'éditeur milanais Feltrinelli, lui-même connu pour son communisme indéfectible, est chargé par ce dernier de se mettre en rapport avec Pasternak et d'obtenir son consentement à la parution du *Docteur Jivago* en traduction à l'étranger. Sergio d'Angelo sollicite un rendez-vous avec l'écrivain par l'intermédiaire d'un représentant de la commission des Affaires étrangères. L'entrevue a lieu au domicile de Pasternak, en l'absence d'Olga Ivinskaïa. Au cours d'une conversation amicale, Sergio d'Angelo demande à Pasternak de lui prêter, pour quelques jours, l'unique copie du *Docteur Jivago* qui soit encore à sa disposition. Dès qu'il l'aura lue, il la lui rendra, dit-il, avec ses observations les plus franches. Naïf et désarmé, Pasternak lui confie son bien le plus précieux. L'homme s'éclipse avec son paquet de mille pages sous le bras. Et subitement, Boris songe que, sans doute, il ne le reverra pas de sitôt! C'est également l'opinion d'Olga Ivinskaïa, qui, en apprenant la dernière « initiative » de son Boris, éclate. Il a beau lui expliquer que l'émissaire italien était recommandé par l'ambassadeur d'Italie à Moscou et que l'éditeur transalpin Feltrinelli était un vrai communiste, elle refuse de se laisser convaincre. « Qu'est-ce que tu as fait? s'écrie-t-elle. Réfléchis un peu. Tu vas être injurié de tous les côtés!... En leur confiant ton manuscrit tu leur as donné implicitement l'autorisation de l'utiliser. Ne le comprends-tu pas? Ils tireront nécessairement parti de ton autorisation. Il y aura nécessairement un scandale! »

Inquiet des conséquences de son « faux pas », Pasternak attend dans l'angoisse le retour de Sergio d'Angelo. Or, celui-ci a fait parvenir entre temps le manuscrit du *Docteur Jivago* à Feltrinelli L'engrenage fonctionne à merveille et les nerfs de Pasternak sont à bout. Le livre auquel il tenait tant est devenu en quelques semaines une machine infernale dont il craint qu'elle ne lui saute à la figure. Trop tard pour éviter l'explosion !

A la mi-juin 1957, Sergio d'Angelo reparaît soudain, la mine réjouie : il apporte un contrat régulier, signé de Feltrinelli. Selon les termes de cet accord, l'auteur autorise l'éditeur à faire traduire et publier *Le Docteur Jivago* en langue italienne dans le délai de deux ans. Alors que Pasternak se déclare satisfait de ces conditions très classiques, Olga Ivinskaïa redouble d'inquiétude. Elle craint que, dans un pays où toutes les maisons d'édition appartiennent à l'Etat, ce ne soit l'Etat seul qui ait le droit de négocier les traductions avec l'étranger et qu'on ne reproche à Pasternak d'avoir agi de son propre chef sans en référer aux autorités supérieures. Malgré les menaces qui déjà se précisent, Pasternak ne regrette pas son incartade. « La seule raison que j'ai de ne rien déplorer dans ma vie, mande-t-il, le 20 août 1957, à Dimitri Polikarpov, directeur du département de la Culture, c'est que j'ai écrit ce que je pensais et que je reste de cet avis jusqu'à ce jour. C'est peut-être une faute de ne pas l'avoir dissimulé aux autres. Je vous assure que je l'aurais caché si je l'avais écrit avec moins de force [...]. Mais sa destinée ultérieure n'est pas en mon pouvoir. Je ne désire pas m'en mêler. S'il faut racheter par des souffrances la vérité que je connais, ce n'est pas nouveau et je suis prêt à les subir toutes, quelles qu'elles soient. »

Quand il rédige cette lettre de bravade, il ignore la note que le ministre des Affaires étrangères a envoyée, dès le 31 août 1956, aux membres du présidium du Comité central pour signaler que l'auteur du *Docteur Jivago* a autorisé illégalement la publication de ce livre dans différents pays européens, alors qu'il s'agit d'un « pamphlet haineux contre l'U.R.S.S. ».

Le rapport du département de la Culture, daté du même jour, précise que, dans cet ouvrage scandaleux, « toute la période de notre histoire couvrant le dernier demi-siècle est représentée du point de vue d'un individualisme bourgeois plein de rancœur, pour lequel la révolution est une émeute absurde et barbare, un chaos, et l'expression d'une sauvagerie généralisée ». En conclusion : « Le département d'Etat chargé des relations avec les partis communistes étrangers prend des mesures pour empêcher la publication de ce livre calomnieux. » L'insistance soviétique est si pressante que Togliatti, le secrétaire général du Parti communiste italien, intervient personnellement auprès de l'éditeur Feltrinelli pour empêcher cette entreprise de dénigrement du seul régime travaillant au salut du peuple. Pour forcer la main à Pasternak, le département soviétique de la Culture lui enjoint d'envoyer à Feltrinelli le télégramme suivant : « J'estime impossible la publication de mon livre, *Le Docteur Jivago*, dans son état actuel... Vous voudrez bien prendre des dispositions pour me renvoyer dans les plus brefs délais, à mon adresse moscovite, le manuscrit de mon roman qui m'est indispensable pour mon travail. » D'autres télégrammes et d'autres lettres du même genre arrivent dans toutes les maisons d'édition d'Europe. Mais Feltrinelli reste inébranlable. Le « camarade » russe Serkov, s'étant rendu en Italie pour le rencontrer et tenter de le faire revenir sur sa décision de publier l'ouvrage de Pasternak, comprend qu'il s'est dérangé en vain. A propos des lettres et des télégrammes de l'auteur réclamant son manuscrit en retour, Feltrinelli déclare dédaigneusement : « Je sais bien comme on fabrique ce genre de lettres ! »

En se remettant peu à peu de sa fatigue et de son chagrin dans la maison de repos d'Ouskoïé, près de Moscou, Pasternak a constamment en tête la vision de l'atelier typographique italien où sa prose s'imprime, ligne après ligne, dans une langue étrangère, alors qu'il n'a pas le droit d'exister dans son propre pays.

En dépit de la protestation de l'U.R.S.S. auprès des différentes chancelleries occidentales, la traduction italienne du *Docteur Jivago* paraît le 22 novembre 1957 aux éditions Feltrinelli, à Milan. La mèche est allumée. Le feu se propage vite. Pasternak ayant cédé à Feltrinelli, par légèreté ou négligence, les droits mondiaux de publication en langue étrangère de son roman, c'est la ruée. Le *Docteur Jivago* voit le jour successivement en français (chez Gallimard), en allemand, en anglais, en espagnol, en portugais, en suédois, en danois, en norvégien, en chinois, en hébreu, en turc, en persan, mais demeure interdit dans sa langue originelle. Quand, par le plus grand des hasards, un de ces *Docteur Jivago* « naturalisés ailleurs » tombe entre les mains de Pasternak, il doit en retraduire mentalement quelques lignes pour se convaincre qu'il s'agit bien de son œuvre.

Alors qu'en Russie un silence sépulcral entoure les premiers pas du *Docteur Jivago,* dans le reste du monde c'est un fameux charivari. La plupart des journaux étrangers estiment qu'il s'agit d'un ouvrage mélangeant les perspectives de la fresque aux raffinements de la sentimentalité dans la tradition des grands conteurs russes à la Tolstoï, et que ces pages ont en outre le mérite d'éclairer certains aspects mal connus du « malaise soviétique ». D'aucuns n'hésitent même pas à classer l'auteur parmi les plus grands esprits de son époque. Déjà, çà et là, des voix s'élèvent pour chuchoter qu'il aurait des chances au prix Nobel. Or, cette distinction a mauvaise presse en U.R.S.S. depuis son attribution, en 1933, à un grand écrivain russe, Ivan Bounine, émigré en France, et dont toute l'œuvre respire la nostalgie de la Russie d'autrefois. Si, vingt-cinq ans auparavant, cette récompense, typiquement capitaliste, attribuée à un romancier de style traditionnel, a été traitée par le dédain dans un pays où il n'est plus chez lui, tout autre est l'attitude des dirigeants soviétiques à l'égard d'un camarade écrivain dont le talent risque d'être exploité contre le régime dans un ouvrage aux intentions équivoques. Cette irritabilité, parmi les têtes pensantes du Kremlin, semble d'autant plus justifiée qu'il existe en Russie, à la même époque, un autre écrivain éminent, Mikhaïl Cholokhov, qui, lui aussi, a peint les troubles de la révolution et de la guerre civile dans son roman *Le Don paisible.* Mais les origines modestes de ce concurrent et ses convictions politiques de gauche garantissent sa fidélité à la cause prolétarienne. Certes, on chuchote en Russie qu'il aurait tiré la moitié de son livre du manuscrit d'un écrivain cosaque, Fedor Krioukov, et qu'il l'a même plus ou moins plagié. Mais ce ne sont que des insinuations perfides et nul ne se hasarderait à les approfondir tant Cholokhov paraît avoir « le profil idéal » pour la consécration d'un Nobel soviétique. Malheureusement ces messieurs de Stockholm s'obstinent. Ils s'agglutinent autour de Pasternak, telles des mouches autour d'un pot de miel. Que faire si les pronostics les plus insensés se confirment et que le jury se laisse envoûter ? En couronnant un écrivain « indésirable » pour certains de ses compatriotes les plus en vue ?

Tous les cerveaux du département de la Culture sont en ébullition. Son directeur, Polikarpov, est hors de lui. Le 21 octobre 1958, il informe le département de la Propagande que, sans attendre le développement de ces bruits prétendument littéraires, il faudrait publier « une déclaration collective des écrivains soviétiques les plus célèbres, qualifiant l'attribution du prix Nobel à Pasternak d'acte d'hostilité à l'égard de leur pays ». En outre, si, par malchance, cette mise en garde n'avait servi à rien, il faudrait « convaincre Pasternak de refuser une récompense clairement dirigée contre les intérêts de sa patrie ».

Peine perdue. Le 23 octobre 1958, le prix Nobel tombe comme la foudre sur la tête de Pasternak. Il vient de subir une nouvelle cure de repos et sort à peine de l'hôpital lorsqu'il doit faire front aux soucis que lui vaut cette soudaine notoriété. Il voudrait en être fier pour lui-même et pour son pays, et, de quelque côté qu'il se tourne, il ne trouve que mensonges et malentendus. Convié officiellement à se rendre à Stockholm pour recevoir la récompense des mains du roi, selon la tradition, il se croit d'abord tenu à cette visite de gratitude et de courtoisie. Mais, le jour même, le présidium du Comité central déclare que, pour les « camarades écrivains » ce geste de l'Académie suédoise est une manifestation d'hostilité à l'égard de l'U.R.S.S. et qu'il s'agit d'une manœuvre destinée à rallumer la guerre froide entre les deux pays. Or, Pasternak a déjà remercié, entre-temps, le secrétaire perpétuel de l'Académie suédoise, Anders Oesterling, de l'honneur qui a été ainsi fait, à travers lui, à la Russie. « Infiniment reconnaissant, touché, fier et confus », dit-il dans son télégramme rédigé en anglais. Il se permet même d'accorder des interviews à quelques journalistes occidentaux. Maladresse presque aussitôt relevée par les ennemis de Pasternak. Radio Moscou annonce que « l'attribution du prix Nobel pour une œuvre unique et médiocre comme l'est *Le Docteur Jivago* est un acte politique dirigé contre l'U.R.S.S. ». Le ton est donné, les chiens sont lâchés : désormais, le dernier des gazetiers se croit obligé de cracher sur celui qui a construit sa gloire sur la dérision de sa patrie. *La Gazette littéraire*, dans un article de deux pages, traîne l'auteur dans la boue et cite au passage cette opinion « désintéressée » d'un membre du comité de rédaction selon lequel *Le Docteur Jivago*, « c'est la vie d'un petit-bourgeois haineux qui déteste le peuple russe ». Il s'agit là, lit-on plus loin, « d'un ouvrage mesquin, insignifiant et vil ; à la fois snob, littéraire et furibond ».

Olga Ivinskaïa, qui dépouille toute la presse avant Boris, se félicite de constater son indifférence devant un tel déballage d'injures. S'il parcourt les journaux d'un œil distrait, il se renferme aussitôt après dans un mutisme dont il est difficile de deviner le motif : est-ce un réflexe de supériorité morale ou de martyre consenti ? A croire qu'il savait, en écrivant son livre, tous les coups qui l'attendaient lors de sa publication et que ce châtiment faisait partie, en quelque sorte, de l'« économie générale » de l'œuvre.

Dans ce concours d'ignominies, c'est le lundi 27 octobre 1958 qu'il éprouvera le plus de peine à conserver son sang-froid. Ce jour-là, le « cas Pasternak » doit être examiné au cours d'une assemblée de toutes les unions des écrivains soviétiques. L'après-midi même, prenant la parole devant des dizaines de confrères qui ne lui cachent pas leur hostilité, il leur déclare qu'en écrivant *Le Docteur Jivago* il n'a jamais cherché à dénigrer sa patrie, qu'il aurait accepté de « revoir » tel ou tel passage si on le lui avait demandé, qu'il ne se considère pas comme un « parasite » au milieu du peuple, que rien ne l'obligera à renoncer à l'honneur d'être lauréat du prix Nobel et que, d'ailleurs, il est prêt à céder l'argent au « fonds du Conseil de la paix ». Ayant ainsi justifié sa conduite, Pasternak conclut : « Je n'attends pas de justice de votre part, vous pouvez me fusiller, ou m'envoyer en exil, faire tout ce qu'il vous plaira. Mais je vous demande de ne pas vous hâter. Cela n'ajoutera rien à votre bonheur ni à votre gloire. »

Ecouté dans un silence respectueux, Pasternak peut se dire qu'il a provisoirement gagné la partie. Mais le lendemain, 28 octobre 1958, *La Gazette littéraire* paraît avec un titre énorme : « L'attitude de Pasternak, membre de l'Union des écrivains de l'U.R.S.S., est jugée incompatible avec l'état d'écrivain soviétique ». Et, en caractères plus petits : « Résolution du présidium de la direction de l'Union des écrivains de l'U.R.S.S. Il [Pasternak] est devenu une arme de la propagande bourgeoise [...]. Il a rompu les derniers liens avec le pays et son peuple. [...] Considérant sa trahison à l'égard du peuple soviétique, du socialisme et du progrès, [le présidium] *retire à Boris Pasternak la qualité d'écrivain soviétique en l'excluant de l'Union des écrivains de l'U.R.S.S.* » Boris Pasternak s'y attendait. Mais il enrage de douleur impuissante. De son côté, le poète Alexandre Tvardovski, rédacteur en chef du mensuel *Le Monde nouveau*, revenant à la charge, compare le « renégat » Pasternak à Judas et termine son article par cette phrase meurtrière : « Une fin sans gloire attend aussi le Judas ressuscité, *Le Docteur Jivago*, et son auteur, qui aura pour lui le mépris du peuple. »

Excédé, Pasternak se dit qu'il joue sa tranquillité, son bonheur, sa vie sur une misérable question de distinction honorifique attribuée par un pays où il n'a même jamais mis les pieds. N'est-ce pas le comble de l'absurdité ? Le moment n'est-il pas venu de se soumettre aux exigences de la réalité ? Le 29 octobre, alors que, la veille, il s'est fait étriller dans la presse, comme d'habitude, il se présente à Olga Ivinskaïa avec un visage de lumineuse décision et lui annonce que, les réactions violentes de l'opinion publique s'étant largement exprimées dans les journaux, il estime le moment venu de tenter une réconciliation générale. Réflexion faite, il préfère, dit-il, se fâcher avec le comité du prix Nobel plutôt qu'avec toute la Russie. Bref, il va revenir sur sa parole et refuser le prix. Interloquée et indignée à la fois, Olga Ivinskaïa le supplie de n'en rien faire. Agir ainsi, affirme-t-elle, ce serait renier ses convictions profondes et décevoir ses vrais admirateurs. Mais Boris, un peu penaud, avoue qu'il a déjà envoyé un télégramme à Stockholm pour se dédire et lui en montre le texte destiné à Anders Oesterling : « Compte tenu du sens que cette distinction a pris dans la société de mes compatriotes, je désire renoncer au prix immérité qui m'a été attribué. Ne prenez pas en offense mon refus volontaire. »

Alors que, sans tenir compte de ce « repentir » tardif, le « Comité du Parti » de la ville de Moscou continue de dénoncer les « agissements déloyaux de Pasternak contre le peuple soviétique, la paix et le socialisme » et approuve son exclusion de l'Union des écrivains, de nombreux télégrammes, émanant du Pen-Club international, des écrivains de Paris, de Londres, de Washington, plaident l'innocence de ce bouc émissaire glorieux. Ces interventions de l'étranger ne font qu'envenimer le débat. Les manifestations hostiles d'étudiants et d'ouvriers, les cambriolages successifs de la datcha du renégat, les réunions louches autour de la maison de

Moscou, tout cela incite Pasternak à la prudence. Au cours d'un meeting de la jeunesse communiste, le *Komsomol*, un certain Semitchatsky compare Pasternak à un porc qui ne respecterait même pas sa mangeoire et sa litière, et souhaite qu'il émigre au « paradis capitaliste ». « Je suis sûr que ni l'opinion, ni notre gouvernement n'y feraient obstacle ! » conclut-il dans les applaudissements.

Acculé à résipiscence, Pasternak se résigne à solliciter l'avis de Khrouchtchev : « J'ai appris par le rapport du camarade Semitchatsky, lui écrit-il, que le gouvernement ne s'opposerait pas à mon départ de l'U.R.S.S. Pour moi, c'est impossible ! Je suis lié à la Russie par la naissance, par la vie et par mon travail. Je n'envisage pas mon sort séparé d'elle et au-dehors. Quelles que puissent avoir été mes fautes et mes égarements, je ne pouvais m'imaginer que j'allais me trouver au centre d'une telle campagne politique gonflée, en Occident, autour de mon nom. Lorsque j'en ai pris conscience, j'ai informé l'Académie de

Suède de mon renoncement volontaire au prix Nobel. Quitter ma patrie équivaudrait pour moi à la mort, et c'est pourquoi je vous demande de ne pas prendre à mon égard cette mesure extrême. »

A peine la lettre signée de Pasternak est-elle partie qu'Olga Ivinskaïa se reproche de n'avoir pas su le dissuader d'implorer aussi humblement sa grâce. Pour elle, il est d'une autre race que tous ces espions, tous ces bureaucrates et tous ces politiciens. Il est la pureté, la générosité, et ils sont la turpitude et la boue. Il ne peut y avoir de langage commun entre eux. Mais qui donc comprendra que Pasternak, avec toute la rigidité de ses principes, était un homme de sincérités successives ? « Il ne fallait pas envoyer cette lettre, écrit-elle dans ses Souvenirs. Il ne fallait pas ! Mais on le fit. C'est ma faute. » Pendant quelques semaines, Khrouchtchev fait la sourde oreille. Cependant les adversaires de Pasternak sont tenaces. Cette fois, l'assemblée générale de l'Union des écrivains de Moscou veut emporter le morceau. Les huit cents délégués réunis dans la salle votent, à l'unanimité, une motion exigeant du gouvernement que « le traître Pasternak » soit déchu de la nationalité soviétique et reconduit hors de la frontière avec défense de revenir. Cette motion est reproduite aussitôt dans *La Gazette littéraire*, sous le titre « Colère et Indignation ». Il s'agit bien entendu, en l'occurrence, de la colère et de l'indignation des lecteurs du journal devant l'indulgence des pouvoirs publics envers une crapule comme Pasternak. *La Pravda*, elle, reproduit la lettre de Pasternak à Khrouchtchev accompagnée d'un commentaire officiel de l'agence Tass : « Au cas où il [Pasternak] souhaiterait quitter définitivement l'Union soviétique, dont il a calomnié la société et le peuple dans son œuvre antisoviétique *Le Docteur Jivago*, les organes gouvernementaux n'y mettront aucun obstacle. On lui donnera la possibilité de quitter les frontières de l'Union soviétique et de goûter personnellement aux "délices du paradis capitaliste". »

Bref, le pouvoir hésite encore à se prononcer et offre à Pasternak un *statu quo* inconfortable en attendant une situation plus conforme aux vœux de la « Nation ». Certes, il y a de nombreuses lettres d'admirateurs parmi le fatras d'injures qu'Olga Ivinskaïa trie chaque jour avec une appréhension croissante. Mais Pasternak sent qu'il n'a plus qu'un pied en Russie. Entre-temps, une édition pirate, en russe, vient de paraître et connaît quelque succès dans la clandestinité. Puis Feltrinelli publie une version intégrale en russe, d'après une copie dactylographiée qu'il détient encore. Et, cette fois, Pasternak a peur que son livre, diffusé dans sa langue, ne lui nuise davantage que toutes les traductions réunies. Pour se délivrer de ses obsessions quotidiennes, il écrit un poème-confession intitulé *Prix Nobel* qui commence ainsi :

> Homme, liberté, lumière
> Sont tout près, mais sur mes pas
> J'entends approcher la meute.
> Je suis une bête aux abois [...]
> Quel méfait m'a-t-on vu faire ?
> Suis-je un monstre, un meurtrier ?

J'ai sur ta beauté, ma terre,
Fait pleurer le monde entier.

Cette complainte d'un éternel incompris, il la fait paraître, d'abord en traduction anglaise dans le *Morning Post*, puis en russe, dans un journal américain de New York. Mais la notoriété internationale de Pasternak est devenue si embarrassante que, au mois de février 1959, à l'occasion de la visite officielle à Moscou du Premier Ministre de Grande-Bretagne, Harold Macmillan, Khrouchtchev, dont la méfiance envers un littérateur aussi incontrôlable n'a pas diminué, cherche à éloigner de la capitale ce Prix Nobel calamiteux. C'est sa femme, l'astucieuse et efficace Zina, qui trouve la solution idéale : ils partiront, tous les deux, oublier le vacarme politique et littéraire dans cette Géorgie qu'ils aiment tant, et auprès de Nina Tabidzé qui les y invite.

Loin de Moscou et de ses tracasseries habituelles, Pasternak goûte, en effet, quelques jours de répit. Mais depuis la publication et la consécration de son livre, il se sent tout à coup tragiquement désœuvré. Jusqu'à ce jour, cette œuvre occupait tout son horizon et il n'avait qu'une crainte, chaque jour renouvelée, que la maladie ou la mort ne l'empêchât de la terminer. Et voici qu'il est délivré, en même temps, de ses peurs, de ses espoirs, de son travail et de sa raison d'être. Devant lui, il n'y a plus rien : ni manuscrit en cours, ni projet sérieux. Comblé et dépouillé à la fois, il emploie ces « trop grandes vacances » à se promener avec sa femme et Nina Tabidzé, et à les divertir en évoquant ses souvenirs d'un prix Nobel clandestin. Mais, lorsqu'elle observe son mari à la dérobée, Zina s'inquiète de sa pâleur. De retour à Peredelkino elle insiste pour qu'il consulte un médecin. Il s'y refuse ; il a hâte de se remettre au travail. Une idée de pièce lui trotte dans la tête. L'action se passerait à l'époque des réformes d'Alexandre II et évoquerait les effets de l'abolition du servage. Il a déjà le titre : *La Belle Aveugle.* Excité par le sujet, il travaille si fiévreusement qu'il croit rajeunir. Pour se documenter, il emprunte de

nombreux ouvrages d'histoire à la bibliothèque de la Maison de repos des écrivains,
les emporte chez lui à la datcha de Peredelkino, et les lit à s'en user les yeux jusqu'à une heure avancée de la nuit. Il y aura
dans ce drame, selon lui, l'ébauche d'une
évolution sociale de la Russie et un hommage à la permanence de l'âme russe à
travers tous les changements. Pour animer
le débat des protagonistes – les uns occi-
dentalistes, les autres slavophiles –, il imagine même d'introduire dans la pièce le
personnage d'Alexandre Dumas, en
voyage dans le pays au siècle dernier.

Alors qu'il se divertit avec ces
« marionnettes », Zina le supplie de se
ménager. Il lui répond avec une obstina-
tion grandissante qu'il veut absolument
achever cette pièce, que ce n'est plus
qu'une question de jours et que, de toute
façon, il préfère mourir à sa table de travail
plutôt que dans un lit d'hôpital. Il en parle
une première fois, dès le 14 novembre
1959, dans une lettre à Jacqueline de
Poyart : « Si Dieu veut que je vive jusqu'alors, je finirai le drame, et si je le finis,

alors nous aurons tout un monde d'activités, d'entreprises, de liens [...] plus étendus encore que ceux qui formaient la base du *Docteur Jivago* [...]. J'approche du seuil d'une réalité naissante, celle d'une libération complète du *Docteur* et de ses affaires, de tout ce qui le concerne, non dans le sens de sa réputation mais, au contraire, dans le sens de son remplacement par une œuvre qui aura à le continuer et à l'approfondir. » Dans la même lettre, il fait allusion aux conditions du règlement de ses droits pour les nombreuses traductions de son roman et de ses poèmes à l'étranger. S'il a renoncé au pactole du prix Nobel, il ne veut rien laisser perdre de ses revenus littéraires normaux et charge Jacqueline de Poyart de veiller à la régularité des versements. Il compte sur elle pour qu'elle oblige l'éditeur, quel qu'il soit, à lui envoyer « trimestriellement », « quatre fois dans l'année », « des sommes pareilles à celles qui m'ont déjà été transmises par la chère femme, cavalière D, au cours de l'été, de votre part ».

Cette étrange « Cavalière D » est, en réalité, une Mlle Dourov, arrière-petite-nièce d'une héroïne des guerres napoléoniennes, du côté russe. Sans doute cette aimable personne avait-elle l'habitude de rendre service aux amis en transportant de l'argent, hors de tout contrôle, par-dessus les frontières. Grâce à cet « arrangement », Pasternak estime qu'il n'y a plus pour lui ni pour sa famille de difficultés financières insurmontables. Il songe même à quitter, de temps à autre, sa tanière et à redevenir sinon mondain, du moins sociable.

A force de douceur et de raisonnement, Zina obtient qu'il l'accompagne, le 11 septembre 1959, à un concert donné par le New York Philharmonic Orchestra, sous la direction de Leonard Bernstein. Présenté au maestro, et après l'avoir complimenté sous les acclamations de la salle, il se retire avec l'air furtif d'un malfaiteur. La seule vue de la foule l'épouvante : il est pressé de rentrer chez lui, de retrouver sa table de travail, son silence et sa *Belle Aveugle*. Il dit parfois que, pour lui, la *Belle Aveugle* est le symbole de la Russie, qui a si longtemps oublié sa propre beauté et sa grande destinée. Il voudrait avoir terminé sa pièce avant l'hiver. Les premiers froids de l'automne l'indisposent. De jour en jour il a plus de difficultés à reprendre la plume. Certes, dans les moments de grande fatigue, il peut se réconforter en se disant que son recueil de poèmes, *Eclaircie*, est publié en ce moment même, en russe, à Paris, et qu'un théâtre de Stockholm s'apprête à acheter les droits de la *Belle Aveugle* avant même qu'il ait bouclé le dernier acte. Mais, à cause de l'accumulation de ces succès honorables, ou peut-être à cause d'eux, il éprouve soudain l'inanité de tout effort supplémentaire. Sa déperdition d'énergie, ses vertiges, son essoufflement exacerbent une nervosité devenue maladive. Ayant appris que, après avoir rompu avec son ancienne maîtresse, Olga Ivinskaïa, il continue d'entretenir avec elle des relations de tendre amitié, sa femme le lui reproche avec acrimonie. Mais elle a trop pitié de lui pour ne pas le plaindre tout en le condamnant. Cependant, lors d'une explication orageuse, il reconnaît ses torts et promet à

Zina qu'elle n'aura plus jamais à se plaindre de lui. L'épouse se calme. Le nuage s'éloigne. Mais Boris va de plus en plus mal. Cette fois Zina, affolée, est prête à tout lui pardonner, dans le passé comme dans l'avenir, pourvu qu'il guérisse. Les médecins se succèdent au chevet du malade. On lui fait faire toutes les prises de sang, toutes les analyses, tous les électrocardiogrammes recommandés par la science. Au terme de ce bilan, Zina apprend avec stupéfaction que Boris souffre d'un sévère infarctus bilatéral. Alité à Peredelkino, il est veillé nuit et jour par des infirmières dépendant du Fonds littéraire. Quand il se sent capable de tenir un crayon, il griffonne quelques mots de tendresse à l'intention de « l'autre », et les infirmières de garde font parvenir le billet, en cachette, à la chère Olga Ivinskaïa, qu'il a juré à Zina de ne plus revoir. A n'importe quelle heure, ce sont de lamentables bulletins de santé qui partent subrepticement de la datcha de Peredelkino : « Olga, hier soir j'étais tranquille, j'étais bien, et je suis même resté un peu couché sur le dos. Mais la nuit a été horrible. » Ou bien : « Olga, les soins deviennent toujours plus compliqués et plus difficiles. Je n'ai plus de forces pour dissiper tes inquiétudes. » Ou encore : « Le médecin est venu [...] il m'a trouvé de l'hypertension, les nerfs détraqués, le cœur en mauvais état [...]. Il m'est difficile d'imaginer qu'une telle douleur, installée de façon aussi permanente qu'une écharde, soit le fait d'un cœur qui, il faut le reconnaitre, a été très, très négligé. » Le jeudi 5 mai 1960, comme Olga insiste pour qu'il aille se faire soigner dans une maison de santé proche de Moscou, où il aurait toute l'aide médicale à sa disposition, il précise avec désespoir : « Olga, ma chérie, je n'ai pas la force de me raser ; mon rasoir me tombe des mains à cause de la douleur de mon omoplate et les plus simples fonctions de mon organisme sont retenues et interrompues pour les mêmes raisons ; et c'est dans cet état, alors qu'on ne peut même pas me transporter en ville pour me faire faire une radio, qu'il faudrait me traîner dans une maison de repos près de Moscou ? [...] Les indications objectives (cardiogramme, etc.) permettent de croire que je guérirai. Je me sens déjà un peu mieux [...]. Je t'écris en ressentant tout le temps d'effroyables douleurs qui ont commencé dès les premières lignes de cette lettre. Je suis sûr que je n'en mourrai pas [...]. Si j'étais effectivement à l'article de la mort, j'aurais insisté pour qu'on te fasse venir [...]. J'arrête d'écrire, j'ai des palpitations qui sont de plus en plus fortes. »

Devinant dans quel imbroglio sentimental il se débat alors qu'il est sur le point de mourir, Zina finit par lui dire qu'elle va demander à Olga Ivinskaïa de se rendre à son chevet. Que ne ferait-elle pour adoucir les derniers moments de son mari ? Elle plaisante même sa jalousie d'autrefois. « Maintenant cela m'est égal, je peux la laisser entrer et avec elle cinquante reines de beauté ! » dit-elle à Boris avec une moue indulgente. N'est-il pas étonnant qu'en langue russe un seul verbe, *jaliet*, signifie à la fois « plaindre » et « regretter » ? Qu'on plaigne une femme ou qu'on regrette de l'avoir quittée, c'est le même mot qui vient à la bouche du responsable. Mais Pasternak refuse, une fois de plus, cette permission de dernière heure. En revanche, il prie Zina de lui brosser les cheveux et de le peigner en respectant « la raie sur le côté ». Mais c'est pour se présenter à son avantage devant les infirmières. Zina reste derrière la porte pendant qu'on fait à Boris une nouvelle transfusion de sang. En la revoyant, le médecin lui laisse entendre que la fin est imminente ! « Je n'ai pas le pouvoir de le sauver, dit-il, c'est une hémorragie pulmonaire. »

Du fond de son lit, Boris Pasternak ne doute plus d'être au bord de la nuit insondable et noire dont il a tant rêvé quand il s'insurgeait contre les multiples insanités de sa vie. Parfois il songe aux bizarreries de son tempérament, qui l'ont empêché trop souvent de rompre par charité avec une ancienne passion devenue secondaire. Il se remémore son père qui conservait pieusement, dans un coin de son atelier, ses premiers tableaux, des ébauches sans valeur, et qui les revoyait, de temps à autre, avec une tendresse nostalgique comme pour mesurer le chemin parcouru. Est-ce

chez Boris une sorte d'atavisme du cœur?
Ayant aimé Zina, il ne lui a pas sacrifié
Olga. Ayant aimé la poésie, il n'a pas voulu
l'oublier en écrivant un roman en prose.
Ayant adhéré, dans son adolescence, à
l'élan de la jeune révolution bolchevik, il
n'a pas hésité à la dénigrer quand elle a
montré son vrai visage. Et pourtant, il n'est
ni versatile, ni velléitaire. Il ne craint pas de
se compromettre pour ses idées. Simplement, ce qui prime tout, pour lui, c'est
l'écriture. Lorsqu'il trace un mot sur le
papier, il y met toute son âme, alors que,
quand il parle, il se méfie des intonations
de sa voix. C'est bien pour cela qu'en se
taisant à jamais il ne privera personne de *sa*
vérité. Soudain, le sort de sa pièce inache-
vée, de son dernier recueil de poèmes, de
ses contrats avec les éditeurs, de sa notoriété internationale et de sa disgrâce nationale,
tout ce fatras recule au second plan. Qu'il
soit un authentique lauréat du prix Nobel
ou un savetier insolvable, l'important ce
n'est pas ce qu'il a fait hier, c'est ce qui va
se passer maintenant. D'une voix à peine
perceptible, il demande qu'on le laisse seul

avec sa femme. Et, devant Zina qui ne le quitte pas des yeux, il balbutie : « J'ai aimé la vie et je t'ai aimée, toi. Mais je quitte la vie sans aucun regret. Il y a trop de laideur, non seulement chez nous, mais dans le monde entier. Je ne pourrai pas, de toute façon, m'y résigner [1] ! » Puis, après avoir embrassé sa femme et béni ses enfants, il se livre aux mains des infirmières : les ballons d'oxygène et les piqûres de toutes sortes retardent inutilement l'agonie du malade. Le 30 mai 1960, la nuit est immobile, tiède, oppressante. Boris Pasternak respire par saccades. Mais est-il toujours là ? A onze heures vingt, alors qu'il remue encore les lèvres, aucun son ne sort plus de sa bouche. La mort lui a ôté la parole, il n'a plus que ses livres pour le défendre. Il vient d'avoir soixante-dix ans.

---

1. Boris Pasternak : *Seconde Naissance — Lettre à Zina.*

VII

Un défunt récalcitrant

Si la vie terrestre de Boris Pasternak est terminée, son destin intemporel continue. Même son cadavre est embarrassant. Après avoir lavé et habillé le corps avec l'aide des infirmières, Zina l'allonge sur le lit et s'abîme dans la prière, bien qu'elle ne soit guère croyante. Le lendemain, aucun journal n'annonce la mort de l'écrivain. L'affaire n'est pas « d'actualité ». Pourtant, la nouvelle s'est si vite répandue de bouche à oreille que, dès le 2 juin, jour de la levée du corps, toute la Russie est au courant. Le Fonds littéraire a envoyé une couronne avec une inscription aussi peu compromettante que possible : « Au membre du

Fonds littéraire Boris Leonidovitch Pasternak de la part de ses camarades. » Pas de cérémonie religieuse. Toutefois une foule considérable s'est réunie au cimetière. Le rite des adieux, au-dessus de la tombe, se déroule dans le calme et le recueillement. Cependant, même mort Boris Pasternak demeure suspect à la police soviétique. Dès le 4 juin 1960, le département de la Culture publie un rapport sur les « funérailles » de ce mort increvable. La presse bourgeoise étrangère, lit-on dans le compte-rendu de la cérémonie, a tenté de se servir de la maladie et de la mort de Pasternak pour susciter dans l'opinion publique des réactions antisoviétiques. Le 2 juin, près de cinq cents personnes, dont cent cinquante à deux cents âgées, manifestement des représentant de la vieille intelligentsia, s'étaient rassemblées pour l'enterrement qui, selon le vœu de Pasternak, a eu lieu dans le cimetière de Peredelkino. Il y avait à peu près autant de jeunes, entre autres un petit groupe de l'Institut d'art, de l'Institut de littérature et de l'université de Moscou. Après avoir mentionné le discours très modéré du philosophe et historien Valentin Asmus sur l'écrivain, le rapport décrit la subite fureur revendicative qui s'est emparée d'une partie de l'assistance. « Un cri s'est élevé dans la foule, poursuit Perov, directeur adjoint de la Culture : "Je veux parler au nom des travailleurs !" Puis un jeune hurluberlu s'est mis à glapir à peu près ceci : "On n'a pas laissé Pasternak publier son livre dans notre pays ! Pas un seul écrivain soviétique n'a su s'élever sur de tels sommets !" Une quinzaine de personnes qui se trouvaient autour de lui se sont mises à applaudir, mais dans l'ensemble l'assistance n'a pas très bien accueilli cette intervention. Une femme avec un enfant dans les bras s'est écriée : "Drôle d'écrivain, en vérité ! Il s'est dressé contre le pouvoir soviétique !" La plupart des gens ont quitté le cimetière avec des mines consternées. Seul un petit groupe de jeunes est resté près de la tombe. Ils ont lu des vers dédiés à Pasternak mais sans allusions politiques. [...] Il convient néanmoins d'attirer l'attention de l'Union des écrivains et du ministère de la

Culture sur la nécessité d'intensifier le travail éducatif mené auprès de la jeunesse dont une partie (minime), d'humeur frondeuse, tente de transformer Pasternak en grand artiste incompris de son époque. »

Au moment où le cercueil, enfin refermé, va être descendu dans la fosse, les cloches de l'église de la Transfiguration se mettent à sonner. Sans doute, comme le note Olga Ivinskaïa, n'est-ce qu'une coïncidence et appelle-t-on ainsi quelques rares fidèles aux vêpres ? Mais l'ordonnateur, effrayé, s'écrie : « Faites vite ! C'est le début d'une manifestation indésirable ! » Et, en effet, tandis que les premières poignées de terre tombent sur le cercueil, des voix isolées hurlent autour du trou : « Gloire à Pasternak !... Adieu, le plus grand de nous tous ! Hosanna !... Gloire ! Gloire ! » Olga Ivinskaïa est, tout ensemble, ravie et inquiète de cette popularité intempestive de Pasternak. Tandis que Zina, la veuve légitime, a droit à un respect distant de la part des autorités, Olga ne se sent plus à l'abri de nouvelles tracasseries. Depuis quelques jours, des représentants, fort aimables, du département culturel lui ont rendu visite et l'ont questionnée sur ses moyens d'existence du vivant de Pasternak et après la disparition de celui-ci. Ne va-t-on pas lui reprocher d'avoir servi d'intermédiaire entre Boris et les éditeurs étrangers pour le règlement des droits ? Ce serait une façon comme une autre de faire peser sur elle toute la responsabilité du crime antisoviétique que constitue encore *Le Docteur Jivago*! Elle a vu juste : le K.G.B. ne perd pas de temps en vaines perquisitions. Un même coup de filet enveloppe subitement Olga Ivinskaïa et sa fille Irène. Toutes deux sont arrêtées, conduites à la Loubianka, et doivent répondre de l'accusation de trafic de devises. Pour Olga Ivinskaïa, c'est la répétition sordide et ridicule du drame qu'elle a vécu onze ans plus tôt, quand on l'accusait d'être le mauvais génie d'un écrivain prêt à tout pour lui complaire. La conviction du juge d'instruction est sans faille. Ses critiques rejoignent celles d'Alexis Sourkov, l'ex-secrétaire général de l'Union des écrivains. Pour celui-ci, l'affaire est limpide : dans sa naïveté de poète, Pasternak a cédé aux conseils pernicieux de sa maîtresse, une aventurière professionnelle, qui l'a obligé à écrire *Le Docteur Jivago* et à le publier à l'étranger pour s'enrichir personnellement. Les dénégations d'Olga Ivinskaïa et de sa fille ne troublent pas les enquêteurs. Le procès, jugé à huis clos, le 7 décembre 1961, est mené tambour battant. Au terme de l'audience, Olga Ivinskaïa est condamnée, une nouvelle fois, à huit ans d'internement dans un camp, et sa fille, Irène, à trois ans.

Les voici toutes deux dans un fourgon cellulaire, en route pour la solitude glacée du camp de Taïchet, en Sibérie, avant d'être transférées dans un autre camp, en Moldavie, afin de continuer à y subir leur peine.

Bien entendu, cet absurde rebondissement de l'affaire Pasternak est jugé à l'étranger comme la preuve du dogmatisme inhumain et anachronique qui règne en U.R.S.S. En janvier 1961, divers membres du Pen-Club, dont David Carver, président général du Pen-Club anglais, et Graham Greene, écrivent et télégraphient à Alexis Sourkov en lui demandant d'intervenir d'urgence auprès du gouvernement pour la libération d'Olga Ivinskaïa et de sa fille. Réponse de Sourkov, le 24 janvier 1961 : « L'Union des écrivains soviétiques ne voit aucune raison, ni morale, ni légale, pour demander la libération d'Olga Ivinskaïa et de sa fille [...]. Nous trouvons étrange que le Pen-Club et la Société des auteurs de Londres parlent si facilement et si résolument en faveur de vulgaires aventurières qui n'ont aucun rapport avec la littérature, sans chercher à savoir qui elles sont et pourquoi elles ont été condamnées. » Comme David Carver insiste, il reçoit en retour une bordée d'affirmations injurieuses et ordurières sur les deux malheureuses. Indigné par tant de mauvaise foi, c'est Sergio d'Angelo, cité au passage dans les libelles diffamateurs, qui relaie le secrétaire général du Pen-Club anglais dans sa réplique. Elle est virulente : « La mort de Pasternak n'a pas suffi à éteindre votre ressentiment, que vous déversez maintenant à l'aide d'invectives et de calomnies sur deux femmes sans défense et, de surcroît, gravement malades, écrit-il. Dorénavant, je ne me fais plus d'illusions sur le fait qu'il vous soit possible de revoir votre attitude, de donner une preuve d'harmonie et d'humanité. Mais vous, d'autre part, ne vous faites pas l'illusion d'avoir liquidé l'affaire Ivinskaïa : la constance de toutes les personnes civilisées et honnêtes ne vous permettra pas de la liquider avant que justice soit faite. »

Malgré la cascade de lettres, de télégrammes et d'articles émanant de l'étranger en faveur d'Olga Ivinskaïa et de sa fille Irène, elles ne seront libérées qu'après avoir purgé la moitié de leur peine et ne seront réhabilitées par la Cour suprême, à la suite de la révision de leurs dossiers, que le 2 novembre 1988.

Zina Pasternak a eu droit, en revanche, dès le lendemain de la mort de son mari, à la sollicitude du Comité central des écrivains soviétiques. Certaines voix se sont élevées dans ce cénacle pour souligner le grand âge de la veuve (soixante-neuf ans), sa mauvaise santé et son manque total de ressources. Des démarches ont été aussitôt entreprises par les autorité soviétiques en Italie. Très vite, les dernières difficultés relatives aux droits d'auteur de Pasternak à l'étranger ont pu être réglées pour la plus grande satisfaction de Zina Pasternak et de sa famille.

Par un étrange retournement d'esprit, les proches du gouvernement se demandent depuis peu s'ils n'ont pas eu tort de s'acharner sur un écrivain dont le livre leur paraissait, à tort ou à raison, subversif. Ils estiment que les politiciens de la génération précédente ont été frappés d'une cécité due à l'humeur générale du moment et que toute la Russie intellectuelle d'aujourd'hui paie l'erreur de quelques partisans forcenés d'hier. Ne sont-ils pas en train de devenir, en continuant à dédaigner Pasternak, la risée d'une Europe qui les enviait naguère pour les Pouchkine, les Gogol, les Tolstoï, les Tourgueniev, les Dostoïevski, les Tchekhov, de leur patrimoine littéraire? Pour une fois, l'opinion publique prend les politiciens de vitesse. En quelques années, la réputation de Pasternak auprès des lecteurs se confirme. Les éditions de ses œuvres en russe se multiplient, on serine ses poèmes dans les écoles, on le cite à tout bout de champ. Insensiblement, le renégat d'hier devient un phare littéraire comparable aux plus grands.

L'arrivée au pouvoir de Gorbatchev, l'institution de la *perestroïka* et de la *glasnost*, autrement dit de la « reconstruction et de la transparence » en politique, accélèrent l'engouement du public pour un écrivain hier encore superbement dédaigné.

Au vrai, dès le 30 avril 1985, un groupe d'écrivains soviétiques, prenant conscience de l'erreur des anciens gouvernements dans leur appréciation de l'œuvre pasternakienne, avait adressé une lettre collective à Mikhaïl Gorbatchev, alors membre du Politburo, pour demander la création d'un musée Pasternak. « L'année 1990 sera l'année du centenaire de la naissance du grand poète soviétique Pasternak, lit-on dans le document. Cette date mémorable sera largement fêtée dans notre pays et à l'étranger [...]. De l'avis de tous, son œuvre est un des trésors de la culture mondiale. Depuis sa mort en 1960, sa tombe et sa maison de Peredelkino sont devenues des lieux de pèlerinage pour ses lecteurs soviétiques et étrangers [...]. A la suite de travaux, la maison a été mise sous scellés et son sort doit se décider ces jours-ci. A notre avis, il serait dommage de ne pas tirer parti de cette opportunité pour fonder un musée Pasternak. Ses héritiers sont prêts à tout léguer gratuitement à l'Etat si l'on crée un musée. »

Bien que l'autorisation ait été immédiatement accordée, afin de « répondre aux souhaits de l'opinion publique », le musée n'ouvrira ses portes, après de nombreux contretemps dus à des complications administratives, que cinq ans plus tard, en février 1990.

Un musée Pasternak! Sans doute, s'il revenait sur terre par miracle et s'il lui arrivait de visiter ce sanctuaire dédié à sa mémoire, Boris Pasternak sourirait-il tristement à la vue de tous ces objets familiers qui prétendent restituer sa vie, alors qu'ils

213

n'ont plus aucune signification ni aucune valeur puisqu'il n'est plus là pour les réchauffer par le contact de sa main et de son regard. Cette complicité secrète entre les êtres et les choses, entre l'animé et l'inanimé, entre le destin individuel et le destin du monde, ce sentiment d'être emporté, tel un moucheron, dans le même flot mouvant que la feuille tombée de l'arbre, cette fusion originelle avec la nature, c'est cela qu'il a voulu exprimer, dans sa prose comme dans ses vers. Or, il n'eût pas décelé la moindre trace de cette philosophie parmi l'exposition froide et étiquetée de son passé dans la datcha de Peredelkino, devenue musée et ouverte à la foule.

Mais, au fait, est-ce bien cette conception d'un panthéisme poétique, face à la terre et à l'histoire, que ses concitoyens ont aimée et aiment encore dans *Le Docteur Jivago*? N'estiment-ils pas moins l'auteur pour sa pensée d'harmonie universelle que pour le courage d'avoir osé, avec pour seules armes sa plume et sa conscience d'écrivain, affronter la horde des policiers, des espions, des fonctionnaires du Parti, chargés de le faire taire coûte que coûte? Ne l'admire-t-on pas davantage pour son caractère que pour son talent? Les gens les mieux intentionnés ont fait de lui le champion de l'idée libre en butte aux violences et aux mensonges de l'oppression, alors qu'il croyait être, avant tout, le prophète d'une nouvelle façon d'apprécier la vie. Ne se sont-ils pas trompés sur le véritable message de leur héros? Dans l'ennui glacial de l'au-delà, Pasternak ne regrette-t-il pas l'équivoque flatteuse dont il est l'objet aujourd'hui encore? Mais, selon toute vraisemblance, il n'existe aucun homme célèbre, parmi ceux-là mêmes qui plastronnent dans les dictionnaires, dont on puisse affirmer que la gloire posthume ne repose pas sur un malentendu.

BIBLIOGRAPHIE

La plupart des traductions des textes russes de Pasternak sont conformes à celles données dans l'édition de ses œuvres complètes présentées et annotées par Michel Aucouturier dans la Bibliothèque de la Pléiade (Gallimard), Paris, 1959.

J'ai consulté en outre :

1) PASTERNAK BORIS *Le Docteur Jivago* (en russe et en français, Gallimard, 1958) ainsi que les différents articles et discours de l'auteur.

2) PASTERNAK BORIS *Correspondance avec Eugenia 1921-1966* (en français) Gallimard, 1996.

3) PASTERNAK EUGÈNE *Matériaux pour une biographie de Boris Pasternak* (en russe) Moscou, 1889.

4) PASTERNAK BORIS *Seconde Naissance. Lettre à Zina,* suivie de *Souvenirs par Zinaïda Pasternak* (en français) Paris, Stock, 1999.

5) PASTERNAK BORIS *Lettres à mes amies françaises 1956-1960.* (en français) Paris, Gallimard, 1994.

6) PASTERNAK BORIS et FREIDENBERG OLGA *Correspondance, 1920-1940* (en français) Paris, Gallimard, 1987.

7) IVINSKAIA OLGA : *Otage de l'éternité. Mes années avec Pasternak* (en français) Paris, Fayard, 1978.

8) PASTERNAK *Lettres aux amis géorgiens,* en français, Gallimard.

9) RILKE – PASTERNAK – TSVETAEVA *Correspondance à trois, été 1926,* en français, Paris, Gallimard, 1995.

10) CHENTALINSKI VASSILI *La Parole ressuscitée (dans les archives littéraires du K.G.B.)* (en français), Paris, Robert Laffont, 1993.

11) *Le dossier de l'affaire Pasternak* (Archives du Comité central et du Politburo), en français, Paris, Gallimard, 1994.

TABLE

DU MÊME AUTEUR

Romans isolés

FAUX JOUR (Plon) – Prix populiste 1935
LE VIVIER (Plon)
GRANDEUR NATURE (Plon)
L'ARAIGNE (Plon) – Prix Goncourt 1938
LE MORT SAISIT LE VIF (Plon)
LE SIGNE DU TAUREAU (Plon)
LA TÊTE SUR LES ÉPAULES (Plon)
UNE EXTRÊME AMITIÉ (La Table Ronde)
LA NEIGE EN DEUIL (Flammarion)
LA PIERRE, LA FEUILLE ET LES CISEAUX (Flammarion)
ANNE PRÉDAILLE (Flammarion)
GRIMBOSQ (Flammarion)
LE FRONT DANS LES NUAGES (Flammarion)
LE PRISONNIER N° 1 (Flammarion)
LE PAIN DE L'ÉTRANGER (Flammarion)
LA DÉRISION (Flammarion)
MARIE KARPOVNA (Flammarion)
LE BRUIT SOLITAIRE DU CŒUR (Flammarion)
TOUTE MA VIE SERA MENSONGE (Flammarion)
LA GOUVERNANTE FRANÇAISE (Flammarion)
LA FEMME DE DAVID (Flammarion)
ALIOCHA (Flammarion)
YOURI (Flammarion)
LE CHANT DES INSENSÉS (Flammarion)
LE MARCHAND DE MASQUES (Flammarion)
LE DÉFI D'OLGA (Flammarion)
VOTRE TRÈS HUMBLE ET TRÈS OBÉISSANT SERVITEUR
    (Flammarion)
L'AFFAIRE CRÉMONNIÈRE (Flammarion)
LE FILS DU SATRAPE (Grasset)
NAMOUNA OU LA CHALEUR ANIMALE (Grasset)
LA BALLERINE DE SAINT-PÉTERSBOURG (Plon)
LA FILLE DE L'ÉCRIVAIN (Grasset)

L'ÉTAGE DES BOUFFONS (Grasset)
LA TRAQUE (Grasset)

Cycles romanesques

LES SEMAILLES ET LES MOISSONS (Plon)
    I — LES SEMAILLES ET LES MOISSONS
    II — AMÉLIE
    III — LA GRIVE
    IV — TENDRE ET VIOLENTE ÉLISABETH
    V — LA RENCONTRE

LES EYGLETIÈRE (Flammarion)
    I — LES EYGLETIÈRE
    II — LA FAIM DES LIONCEAUX
    III — LA MALANDRE

LA LUMIÈRE DES JUSTES (Flammarion)
    I — LES COMPAGNONS DU COQUELICOT
    II — LA BARYNIA
    III — LA GLOIRE DES VAINCUS
    IV — LES DAMES DE SIBÉRIE
    V — SOPHIE OU LA FIN DES COMBATS

LES HÉRITIERS DE L'AVENIR (Flammarion)
    I — LE CAHIER
    II — CENT UN COUPS DE CANON
    III — L'ÉLÉPHANT BLANC

TANT QUE LA TERRE DURERA... (La Table Ronde)
    I — TANT QUE LA TERRE DURERA...
    II — LE SAC ET LA CENDRE
    III — ÉTRANGERS SUR LA TERRE

LE MOSCOVITE (Flammarion)
    I — LE MOSCOVITE
    II — LES DÉSORDRES SECRETS
    III — LES FEUX DU MATIN

VIOU (Flammarion)
    I — VIOU

Achevé d'imprimer sur les presses de

BUSSIÈRE

GROUPE CPI

à Saint-Amand-Montrond (Cher)
en octobre 2006

Nᵒ d'édition : 14617. — Nᵒ d'impression : 063741/4.
Dépôt légal : octobre 2006.

Imprimé en France